Beherrscht ein Hund einen soliden Grundstock an Vokabeln, verhindert das Missverständnisse und erleichtert das Zusammenleben von Haushund und Homo sapiens enorm. In diesem Buch erklärt Othello, der Hund der Schriftstellerin Juli Zeh, der sich auf umfangreiche Recherchen stützen kann, auf seine unvergleichlich großmäulige und extrem geistreiche Art die Welt, wie sie wirklich ist – aus Hundesicht. Von A wie Apport bis Z wie Zierpflanze bleiben dabei keine Fragen offen.

JULI ZEH, 1974 in Bonn geboren, Jurastudium in Passau und Leipzig, Studium des Europa- und Völkerrechts, Promotion. Längere Aufenthalte in New York und Krakau. Schon ihr Debütroman »Adler und Engel« (2001) wurde zu einem Welterfolg, inzwischen sind ihre Romane in 35 Sprachen übersetzt. Juli Zeh wurde für ihr Werk vielfach ausgezeichnet, u. a. mit dem Rauriser Literaturpreis (2002), dem Hölderlin-Förderpreis (2003), dem Ernst-Toller-Preis (2003), dem Carl-Amery-Literaturpreis (2009), dem Thomas-Mann-Preis (2013), dem Hildegard-von-Bingen-Preis (2015) und dem Bruno-Kreisky-Preis (2017) sowie dem Bundesverdienstkreuz (2018). Zuletzt erschienen die Romane »Unterleuten« und »Leere Herzen«.

DAVID FINCK, 1978 in Düsseldorf geboren, studierte am Deutschen Literaturinstitut in Leipzig. Er hat als Photograph, Webdesigner und Drehbuchautor (»5 Jahre Leben«) gearbeitet. Er erhielt den Förderpreis der Landeshauptstadt Düsseldorf. 2014 erschien sein Debütroman »Das Versteck«.

JULI ZEH

Kleines Konversationslexikon für Haushunde

Mit farbigen Fotografien
von David Finck

btb

Penguin Random House Verlagsgruppe FSC® N001967

5. Auflage
Genehmigte Taschenbuchausgabe April 2016,
btb Verlag in der Verlagsgruppe Random House GmbH,
Neumarkter Str. 28, 81673 München
Copyright © der Originalausgabe 2005 by Schöffling & Co.
Verlagsbuchhandlung GmbH, Frankfurt am Main
Umschlaggestaltung: semper smile, München
Druck und Einband: CPI books GmbH, Leck
SK · Herstellung: sc
Printed in Germany
ISBN 978-3-442-71358-5

www.btb-verlag.de
www.facebook.com/penguinbuecher

Vorwort

Ich bin der Hund einer Schriftstellerin. Als solcher ist mir hinreichend bekannt, wie wichtig Sprache für die Geschöpfe auf unserem Planeten ist und dass unter allen Sprachen die menschliche den höchsten Wert besitzt. Immerhin ernährt sie den Haushalt, in dem ich lebe. Aber auch für jeden anderen domestizierten Hund hat die menschliche Sprache eine existenzsichernde Bedeutung, und zwar genau insoweit, wie er sie *nicht* beherrscht. Wer sprechen kann, hat Telephondienst. Wer sprechen kann, muss einkaufen gehen, die Post erledigen, sich entschuldigen und ohne Pause etwas lernen. Der Schweigende hingegen wird rundum bedient, zur körperlichen Ertüchtigung ausgeführt und, da er für ein persönliches Gespräch nicht zur Verfügung steht, beim Schlafen in Ruhe gelassen. Man bringt ihm das Futter und pflegt sein Fell. Allenfalls muss er aus folkloristischen Gründen gelegentlich an der Haustür bellen, wenn er dumm genug war, als junger Hund das Vorhandensein eines Stimmorgans zu verraten.

Dabei geht es nicht darum, dümmer zu sein als der Mensch. Es gilt nur, dümmer zu wirken. Im Stillen sollte jeder kluge Haushund seine passiven Fremdsprachenkenntnisse pflegen und regelmäßig erweitern. Ein solider Grundstock an Vokabeln verhindert Missverständnisse beim Umgang mit *homo sapiens* und hilft dabei, Überlebensstrategien zu verfeinern und das eigene Verhalten an die konkreten Umweltbedingungen anzupassen. Warum alles der Evolution überlassen? Die kommt doch sowieso nicht in die Gänge.

Solchen Überlegungen entsprang die Idee zu diesem Buch, dessen Abfassung ich aufgrund meiner überdurchschnittlichen Qualifikationen geradezu als Pflicht betrachte. Schon seit frühester Jugend widme ich mich der Erforschung der menschlichen Sprache. Im Alter von sechs Monaten nahm ich gemeinsam mit meinem Menschen ein Jurastudium an der Universität Passau auf, lag Tag für Tag unter den Klappsitzen im Hörsaal und machte mir die moderne Erkenntnis zunutze, dass man im Schlaf am besten lernt. Nach drei Semestern wechselte ich an die Universität Leipzig, um der rechtswissenschaftlichen Ausbildung ein Studium am Deutschen Literaturinstitut an die Seite zu stellen. Im Lauf von zehn Jahren im deutschen Hochschulwesen bin ich damit *nolens volens* zum Experten für menschliches Sprachverhalten geworden. Von Beileidsbezeugungen bitte ich abzusehen. Es kann sehr amüsant sein, was *homo sapiens* so redet. Man muss sich nur die Mühe machen, ihm ganz genau zuzuhören.

Es ist nun an der Zeit, die Ergebnisse meiner Untersuchungen einer breiten Öffentlichkeit zur Verfügung zu stellen. »Das kleine Konversationslexikon für Haushunde« bietet Neueinsteigern erste Hinweise für das Zusammenleben mit *homo sapiens* und ermöglicht Fortgeschrittenen eine Vertiefung bestehender Kommunikationserfahrungen. Es kann als Nachschlagewerk ebenso wie zur fortgesetzten Lektüre empfohlen werden und sollte in keinem Hundehaushalt fehlen – ein Buch für Hunde, die ihren Menschen verstehen wollen.

Die oberste Maxime des klugen Haushunds lautet: Was

auch passiert, sag niemals ein Wort – aber KENNEN solltest du sie alle. Wer meint, dass sich dieses Gebot schlecht mit der Niederschrift eines ganzen Buchs verträgt, sei darauf hingewiesen, dass niemand an meine Urheberschaft glauben wird. Nicht einmal die Wahrheit höchstpersönlich ist so überzeugend wie ein gut zementiertes Vorurteil.

Othello
Leipzig, den 9. Februar 2005

Aas

Ehemals belebtes Nahrungsmittel nach dem Überwechseln in den unbelebten Zustand. Aas gibt es in Dosen, in Scheiben, in Alufolie oder Plastikhäuten, in freier Natur und in Aspik. Ein aufmerksamer Beobachter findet es überall. Es liegt am Wegrand, hinter den Wartehäuschen an Bushaltestellen, neben überquellenden → Biotonnen und auf dem Standstreifen stark befahrener Überlandstraßen. Aas ist in beinahe jedem Aggregatzustand schmackhaft, nahrhaft und bekömmlich. Darüber hinaus dient es dem Hobbyjäger als wichtiges Hilfsmittel beim Ansitzen im Stadtpark. Durch sorgfältiges Wälzen über die Körperbehaarung verteilt, überdeckt gut abgelagertes Aas den eigenen Körpergeruch. Welches Kaninchen erwartet schon, von einem toten Fisch angesprungen zu werden? Die einzige Gefahr beim Umgang mit Aas besteht in der Entdeckung durch *homo sapiens*. Siehe auch → Aasfresser, → Strafe.

Aasfresser

1. Pseudowissenschaftliche Bezeichnung für zivilisierte Gattungen, die ihr Essen nicht bei lebendigem Leibe verschlingen.

2. Ein Schimpfwort, das *homo sapiens* zu brüllen pflegt, wenn er einen Haushund bei der natürlichen Nahrungsaufnahme im Freien beobachtet. Die Verwendung des Begriffs beruht auf einem schwerwiegenden Irrtum des Menschen über die Beschaffenheit des Inhalts seiner Kühlschränke und Gefriertruhen.

Allergie

Übersteigerte Reaktion des Immunsystems auf bestimmte Eiweiße und eiweißähnliche Verbindungen. Eine der Hauptursachen für das Auftreten von Allergien liegt in übertriebener → Hygiene während der ersten Lebensjahre, weshalb Hunde vor solchen Erkrankungen relativ sicher sind. Tritt dennoch beim wiederholten Kontakt mit *homo sapiens* eine Menschenhaarallergie auf, hat das meist tragische Folgen. Selten bleibt eine andere Möglichkeit, als sich von seinem Liebling zu trennen. Auch wer aus anderen Gründen keine Lust mehr auf seinen Menschen hat, kann sich an der Nachtpforte des Heims oder in der Umsonst-abzugeben-Rubrik der Lokalzeitung (vgl. → Journalismus) auf eine asthmatische Veranlagung berufen. Die Gesundheitsapostel in Funk und Fernsehen sind gerne bereit, ihm zu erklären, warum er deswegen kein schlechtes Gewissen haben muss.

Angstbeißer

Jeder noch so pazifistische Haushund wird im Laufe seines Lebens das eine oder andere Mal gebissen. Meist beruhen solche Auseinandersetzungen auf einem Missverständnis: Der eine Hund hat Angst, der andere auch, und Angriff ist die beste Verteidigung. *In puncto* Aggressionsverhalten unterscheidet sich der gemeine Haushund somit nicht im Geringsten von *homo sapiens*. Bei Betrachtung der letzten paar Jahrtausende Menschheitsgeschichte drängt sich sogar die Frage auf, warum ausgerechnet die Hunde in der Öffentlichkeit an der Leine gehen und einen Maulkorb tragen sollen.

Apport!

[lat.] Bring [es] her! – Versuch des Menschen, seine Herrschsucht als Kulturpflege zu tarnen. Überdies völlig sinnlos: Die meisten Haushunde können kein Latein. Siehe → Stöckchen.

Arbeit

Ein Sammelbegriff für Tätigkeiten, denen *homo sapiens* existenzsichernde Funktionen nachsagt. Ausgerechnet Jagen, Nestbau, Fortpflanzung und Brutpflege werden vom menschlichen Arbeitsbegriff jedoch nicht umfasst. Dies lässt vermuten, dass der arbeitende *homo sapiens* weniger den Erhalt seiner Existenz als den Erwerb einer auf Cocktailpartys gültigen Existenzberechtigung anstrebt. Beim Haushund handelt es sich glücklicherweise um ein sogenanntes Luxustier. Als solches ist er sogar unpfändbar und das sei ihm Existenzberechtigung genug.

Arbeit

Auto

Rollende Blechkiste, die *homo sapiens* nur in zweiter Linie zur Fortbewegung einsetzt, während sie vor allem dem symbolischen Austragen archaischer Rang- und Revierkämpfe dient. Der Haushund sollte möglichst frühzeitig klarstellen, dass jener Teil des Autos, der »Kofferraum« genannt wird, schon aus semantischen Gründen ein Ort sein muss, an dem ausschließlich Koffer aufbewahrt werden. Der Hund hingegen findet seinen Platz auf der Rückbank. Dort erhöht er durch Meditation sein Körpergewicht und wird zu einem absolut unverrückbaren Materiehaufen, um den sich mitreisende Lebewesen und Gegenstände rücksichtsvoll gruppieren müssen. So schläft er friedlich, alle viere von sich gestreckt, bis sich am Grenzübergang ein verdächtiger Uniformierter unaufgefordert dem Auto zu nähern versucht. Merke: Ist der Innenraum eines Autos erst schlammverkrustet und mit Haaren bedeckt, reist es sich umso angenehmer. Siehe auch → Reisen, mit Hund und → Reisen, ohne Hund.

B

Badezimmer

1. Von innen verschließbare Zelle, in die *homo sapiens* sich zu wenig erforschten Tätigkeiten zurückzieht.
2. Gegenstand einer weit verbreiteten Hundeparanoia. In den Wahnvorstellungen des gemeinen Haushunds verfügt das Badezimmer über einen zweiten, geheimen Ausgang, durch den *homo sapiens* eines Tages das Weite suchen wird, um seinen treuen Begleiter für immer einsam und verarmt vor der Badezimmertür zurückzulassen. Wenn es sein muss, presst der Paranoiker seine Nase stundenlang unter den Türspalt, um sich laut schnaufend der fortgesetzten Anwesenheit von *homo sapiens* im Inneren der Zelle zu versichern. Effektive Therapiemethoden sind leider bis heute nicht bekannt.

Beamter

Ein Wesen, das gerne schläft, kaum spricht, sich dumm stellt, wenn man etwas von ihm will (vgl. → Understatement), keine → Arbeit braucht, um seinem Leben Sinn zu verleihen, überbezahlt wird (vgl. → Verkaufen), kein Streikrecht besitzt (vgl. → Eid), seine Artgenossen grundsätzlich für blöde Proleten hält (vgl. → Kläffen, → Wiese, Hunde) und seinem Vorgesetzten Tag für Tag ewige Treue schwört, ist … richtig, ein Haushund.

Begabung, schauspielerische

Die meisten *homines sapientes* gehen wie selbstverständlich davon aus, dass Tiere nicht lügen können. Obwohl es grob fahrlässig wäre, einen derart komfortablen Irrglauben zu stören, erlaube ich mir ein paar Bemerkungen zu diesem Thema.

Ein Wesen, das seit Tausenden von Jahren darauf angewiesen ist, sich wortlos mit dem Menschen zu verständigen (vgl. → Vorwort), entwickelt notgedrungen ein umfangreiches Repertoire von Gebärden. Die Evolution hat uns eine Reihe von Gesichtsausdrücken zur Verfügung gestellt, in denen *homo sapiens* eine ihm vertraute Mimik zu erkennen meint, so dass er seine Vorstellungen nach Belieben hineinprojizieren kann. Ähnlich wie ein Schauspieler auf der Bühne ist der Haushund gezwungen, seine Gesten theatralisch übertrieben auszuführen, weil sein Mensch sich zwar nicht in räumlicher, wohl aber in geistiger Hinsicht meist in einigem Abstand zum relevanten Geschehen aufhält. Wenn also Trauer, Freude, Angst oder Melancholie in der hündischen Interpretation ein wenig ins Grimassenhafte tendieren, liegt das nicht an mangelnder schauspielerischer Begabung oder gar dem geheimen Wunsch, sich über *homo sapiens* lustig zu machen.

Ein Haushund, der sich auf eine Weise unter der erhobenen Hand seines Menschen zusammenduckt, dass jeder Beobachter flugs die Nummer des Tierschutzvereins ins Handy tippt, oder der Geschenke vom Format eines ausrangierten

Tennisballs mit der Begeisterung eines Lotteriegewinners entgegennimmt, ist kein Lügner, sondern ein Künstler. Er verdient *standing ovations* und hoch dotierte Würdigungen im Rahmen einer internationalen Großveranstaltung. Bislang wurde dieser Teilbereich der Schauspielkunst von der Öffentlichkeit wenig zur Kenntnis genommen. Aber eines Tages hat die Menschheit genug von Heike Makatsch und Daniel Brühl. Dann werden wir sehen.

Begleit-, Wach- und Schutzhunde

Etwa vier Tage nach seiner Geburt stellt *homo sapiens* sich zum ersten Mal die Frage, was er einmal werden soll. Mit sechzehn will er es wirklich wissen, mit dreißig ist er etwas geworden, findet keine → Arbeit oder mag jene nicht, die er hat. Beim Haushund ist das anders. Noch ist kein Fall bekannt, in dem einer von uns auf eine derartige Frage geantwortet hätte: Am liebsten Begleit-, Wach- und Schutzhund! Der gemeine Haushund gehört zur Familie der → Intellektuellen, die zum Dank für ihre bloße Anwesenheit ernährt und versorgt werden. Begleit-, Wach- und Schutzhunde haben hingegen den Fehler begangen, einer bestimmten → Rasse anzugehören und sich nicht während der ersten Lebenswochen durch vorgetäuschte oder echte Dummheit zu disqualifizieren. Sie erhalten eine Spezialausbildung (→ vgl. Schule, Hunde), springen anschließend als kläffender Idiot hinter dem Zaun des örtlichen Gebrauchtwagenhändlers herum (vgl. → Kläffen) oder gehen ins Joch gespannt, um einen blinden Menschen durch die Stadt zu führen. Viel Bewegung an der frischen Luft und gutes Futter sind dem Begleit-, Wach- und Schutzhund zwar sicher. Dafür hat er aber alle Qualen des gewöhnlichen – sprich: menschlichen – Arbeitslebens zu ertragen. Der gemeine Haushund hält es lieber mit dem Ausspruch eines noch unbekannten Philosophen: Dasein heißt Hiersein.

Bellen

Lautäußerung des Haushunds, die *homo sapiens* für eine Art reduzierte Analogie zu seinem eigenen Verbalbemühen hält. Dabei übersieht er, dass sich der Haushund aus pragmatischen Gründen gegen das stimmhafte Sprechen entschieden hat und stattdessen über Gesten und Gerüche kommuniziert. Wie alle Wesen verwendet der Hund dabei ein mehr oder weniger hoch entwickeltes Zeichensystem, das vom Menschen als primitiv und beinahe nichtvorhanden eingestuft wird, weil er es nicht versteht. Im Gegensatz zum → Nutztier bellt ein gebildeter Haushund noch nicht einmal an der Wohnungstür. Für die Ankündigung von Gästen verfügt *homo sapiens* über eine Klingel, auf Englisch bezeichnenderweise *bell*, und wenn ihm das nicht reicht, kann er sich einen Bewegungsmelder kaufen. Das Bellen des Haushunds dient vielmehr als Ventil für starke Gefühlsausbrüche bei der Katzenjagd oder der Zurechtweisung geistig minderbemittelter Artgenossen (vgl. → Kläffen). Das Sprichwort von bellenden Hunden, die nicht beißen, entbehrt jeder Tatsachengrundlage. Schweigsame Intellektuelle verabscheuen Gewalt, während Kläfferproleten sich für nichts zu schade sind. Die Geschichte der Freundschaft zwischen Mensch und Hund ist gezeichnet von Fehlinterpretationen und Missverständnissen (vgl. → Sprichwort). Oder, wie ich nach Meinung von *homo sapiens* sagen müsste: [ˈvaʊˈvaʊ].

Besitz

Nach Rousseaus Meinung ist die menschliche Gesellschaft
entstanden, als es dem ersten *homo sapiens* in den Sinn kam,
auf eine Sache zu zeigen und dabei zu rufen: Meins! Der Haushund unterscheidet sich vom Menschen durch seine anar-
chistisch-kommunistische Grundeinstellung: Er begründet
keinen Besitz. Mein Spielzeug, mein Halsband, mein → Magknochen, mein → Napf und meine Decke (vgl. → Decke,
Hunde) gehören nur deshalb mir, weil kein *homo sapiens* das
versiffte Zeug anfassen will. Das ist kein Besitz, sondern Zu-
behör. Sollten die Tiere eines Tages beschließen, eine Gesellschaft zu gründen, empfehle ich, nach Frankfurt am Main zu
fahren, auf das Gebäude der Europäischen Zentralbank zu
zeigen und dabei zu rufen: Meins! Im Grunde würde ich aber
davon abraten. Besitz macht nur Ärger. Vgl. → Besitzer,
Hunde.

Besitzer, Hunde

Streng rechtlich betrachtet ist der Hundebesitzer ein Eigen-
tümer. Ihm kommt nicht nur die tatsächliche Sachherrschaft,
sondern auch die volle Verfügungsberechtigung über seinen
Haushund zu. Zwar lautet Paragraph 90a des Bürgerlichen
Gesetzbuchs (BGB) in Satz 1: »Tiere sind keine Sachen.« Satz
3 stellt jedoch fest: »Auf sie sind die für Sachen geltenden
Vorschriften entsprechend anzuwenden.« Nach einhelliger
Auffassung ist Paragraph 90a BGB »eine gefühlige Deklama-
tion ohne wirklichen rechtlichen Inhalt«.[1] Oder anders aus-

---

1 Palandt, Kurzkommentar zum Bürgerlichen Gesetzbuch, § 90a, Rz. 1.

gedrückt: Die Übersetzung einer inhaltsleeren Gefühlsduse-
lei ins Juristische.

Immerhin sind seit Einführung dieser Vorschrift im Jahr
1990 Tiere nicht mehr als Sachen, sondern als »Mitgeschöpfe« einzustufen. Ob man ein Mitgeschöpf weiterhin
»du unverschämtes *Ding*« schelten darf, ist noch nicht geklärt. Fest steht aber, dass die Beziehung zwischen Besitzer
und Hund in rechtlicher Hinsicht nicht auf Freiwilligkeit
und mitgeschöpflicher Zuneigung beruht, sondern, ich zitiere
das Sachenrecht: auf dem Innehaben der Gesamtheit aller
Rechte und Pflichten am Hund zur eigenverantwortlichen
Nutzung durch den Menschen. Daraus folgt, dass *homo
sapiens* den Hund gut füttern und betreuen muss, seine Steuern bezahlt (vgl. → Steuer, Hunde) und dafür haftet, wenn
sein Haustier die Nachbarskatze hetzt oder mitten auf der
Autobahn sitzt, um sich am Hinterkopf zu kratzen. Mehr bedeutet es eigentlich nicht. Jedenfalls nicht für uns Hunde.

Betteln

1. Weit verbreitetes Hobby des Haushunds, vergleichbar dem
Rauchen und Saufen bei *homo sapiens*.

2. Erster *Dan* des Lass-Falln-Und-Gong, zu deutsch:
Fremdbeherrschung durch Geisteskraft. Die genannte Bewegung hat sich einem gewaltfreien Einfühlen in die Natur-
kräfte zur Steigerung des persönlichen Nutzens verschrieben.
Die physischen und psychischen Voraussetzungen sind dem
Haushund angeboren. Außer einem lustvollen Empfinden
für Abhängigkeitsstrukturen benötigt er bewegliche Augenbrauen, steuerbaren Speichelfluss, vibrationsfähige Nasen-
löcher und eine hohe Stimme. Technisch einwandfreies
Zusammenspiel dieser Grundbedingungen erzeugt den le-

Betteln

gendären Hundeblick, dem sich kein mental gesunder *homo sapiens* entziehen kann. Über die Frage, warum ein haariges Gesicht mit gewölbter Stirn, weißen Sicheln am unteren Lidrand und zuckender → Nase einen Schlüsselreiz darstellt, der den Menschen zum Füttern zwingt, sollte dieser vielleicht einmal nachdenken. Stattdessen verbietet er dem Hund das Betteln, um die Trennlinie zwischen Schöpfung und Krone eisern aufrechtzuerhalten. Von derartigen Sublimationsversuchen sollte der Haushund sich nicht abschrecken lassen. Am Ende klappt es doch.

Biotonne

Etwas, das *homo sapiens* nicht braucht, wenn er einen Haushund hat. Siehe → Restmülltonne.

Buddhismus

»Du bist Buddhist« ist nicht nur der kürzeste Schüttelreim der Welt, sondern auch ein wichtiger Grundsatz im Leben des gemeinen Haushunds. Grob gesagt, geht es um die Erlösung von einem als leidvoll aufgefassten Dasein durch Eingang ins glückselige Nirwana. Es gibt Buddhisten, die ihre Weltanschauung mit dem folgenden Sinnbild veranschaulichen: »Für Buddha bedeutet die Hohe Kunst des Reitens: Auf dem Sattel kein Mensch, unter dem Sattel kein Pferd.« Sollte dieser Satz auf den ersten Blick keinen rechten Sinn ergeben, so liegt das nicht am Leser, sondern am Sinn. Nichtsdestotrotz hat der buddhistische Haushund eine Reihe von Merksätzen daraus entwickelt:

1. Die Hohe Kunst des Reisens: Auf der Rückbank kein

Hund, rund um die Rückbank keine 45 Grad im Schatten (vgl. → Reisen).

2. Die Hohe Kunst des Restaurantbesuchs: Unter dem Tisch kein festgebundener Allesfresser, auf dem Tisch kein Bratengeruch (vgl. → Omnivor, → Restaurant).

3. Die Hohe Kunst des Riechens: Am Hals keine kurze Leine, drei Meter weiter keine läufige Hündin (vgl. → Instinkt).

Diese Beispielkette ließe sich endlos fortsetzen. Der Buddhismus des Hundes findet eine Grenze wenige Zentimeter vor der eigenen Futterschüssel sowie im Radius von einigen Metern rings um Nachbars Katze, weshalb er auch eine »örtlich begrenzte Weltanschauung« genannt wird. Wer nicht auf asiatische Esoterik steht, kann sich auch für den → Stoizismus entscheiden.

C

Chappi

Begriff, der sich vom bloßen Warennamen zu einer kulinarischen Allgemeinbezeichnung entwickelt hat. Chappi kann »Hundefutter« oder auch »schlechtes Menschenfutter« bedeuten, was bereits einiges über die durchschnittliche Ernährungslage des Haushunds aussagt. Der metonymische Gebrauch des Begriffs sollte allerdings unter Strafe gestellt werden. Es überschreitet eindeutig die Schmerzgrenze, wenn ein intellektueller Haushund, angebunden vor einem Supermarkt, vom vorbeikommenden Hundefreund (vgl. → Freund, Hunde) mit den Worten angesprochen wird: »Na, wo ist denn der kleine Chappi?« Niemand kann auf eine derart dadaistische Anrede eine Reaktion erwarten. Deshalb verkneift sich der kluge Haushund die Gegenfrage: »Na, und wo ist denn der große Maggi?« und hüllt sich in buddhistisches Schweigen. Vgl. natürlich → Buddhismus.

Comic-Hunde

Eine der Quizfragen, mit deren Hilfe *homo sapiens* bei Spiel-
shows eine Million Euro gewinnen oder die Aufnahme in
den diplomatischen Dienst schaffen kann, richtet sich darauf,
wie viele berühmte Comic-Hunde die Welt zu verzeichnen
habe. Da der Haushund ansonsten wenig zum materiellen
Wohlergehen seines Menschen beitragen kann, soll wenigstens dieses Problem ein für allemal gelöst werden.

1. Idefix

Kleiner, weißer Haushund von der Sorte, die in öffentlichen
Parks in Begleitung älterer Damen angetroffen wird und sich
eigentlich weniger zum Römerbeißen als zum Weglaufen vor
Nachbars Katze eignet. Der Name verweist auf eine *idée fixe*
seines Trägers, der das Fällen oder Ausreißen von Bäumen
nicht ertragen kann. Von Idefix kann der kluge Hund eine
Menge lernen: Sei schweigsam und verfressen und nutze jede
Gelegenheit, dich über *homo sapiens* lustig zu machen, wenn
du zu internationalem Ruhm gelangen willst. Auf Arabisch
heißt er Anidiks, auf Griechisch Skylakas, auf Isländisch
Krilrikur und auf Englisch ausgerechnet Dogmatix. Wäre ich
Umweltschützer im angloamerikanischen Kulturraum, würde
mir das zu denken geben.

2. Struppi

Struppi heißt eigentlich Milou, gehört Tim, der eigentlich
Tintin heißt, und vereint als Foxterrier, Alkoholiker und
Sprücheklopfer alle Laster in sich, von denen ein gebildeter
Haushund Abstand nehmen sollte. Zu allem Überfluss spricht
er von sich selbst in der dritten Person und fungiert als Hand-
langer eines neurotischen Reporters, den er gelegentlich auf
konventionelle Weise vor noch konventionelleren Gefahren

Comic-Hunde

rettet. Das Beißen in Löwenschwänze, Durchknabbern von Fesseln oder Ausstaffieren mit nicht standesgemäßen Kostümen gehört zu seinem Alltagsrepertoire. Zitat: »Keiner der Gangster wird Struppi unter dieser furchterregenden Verkleidung erkennen!« Schon damit disqualifiziert er sich so gründlich als Haushund, dass er hier nur zum Erreichen der richtigen Antwortzahl genannt wird.

3. Pluto

In der Planetenwelt ist Pluto ein Einzelgänger, der im Gegensatz zu allen anderen Teilnehmern des Sonnensystems außerhalb der ekliptischen Ebene liegt. Er wurde im Jahr 1930 entdeckt – genau zu der Zeit, als eine bräunliche, dünnschwänzige, jagdhundähnliche Comic-Figur ihren ersten Auftritt unter diesem Namen hatte. Pluto zieht mit verschiedenen Figuren der Disney-Serie um die Häuser, verzichtet im Gegensatz zu den auftretenden Mäusen, Enten und Katzen auf jede Anthropomorphisierung (vgl. → Vermenschlichung) und muss deshalb, ganz wie ein Haushund im echten Leben, meist als Pausenclown herhalten. Das ist der Preis der geistigen Freiheit. Plutos Intelligenz, über die auf der zweifellos lustigsten Website der Welt (vgl. → www.hundefeind.de) von Leuten gestritten wird, die eine Comic-Figur nicht von einem echten Hund unterscheiden können, zeigt sich schon an der Tatsache, dass er noch nie ein Internetforum besucht hat.

4. Snoopy

Snoopy ist ein Beagle mit Walter-Mitty-Komplex: Er träumt sich in fremde Leben hinein. Meistens ringt er als berühmter Pilot des Ersten Weltkriegs auf dem Dach seiner Hundehütte mit Baron von Richthofen alias »Roter Baron«. Insgesamt verkörpert er in seinen Tagträumen etwa hundert Persönlichkeiten, darunter Theodore Roosevelt, Beethoven und eine Fernsehantenne (vgl. → Begabung, schauspielerische). Dazu ist Snoopy bibelsicher, wie es sich für einen intellektuellen Haushund geziemt (vgl. → Religion), und liefert sich mit seinem Menschen theologische Streitgespräche. In Gedanken, versteht sich.

Charlie Brown: »Hör mich an, zu deiner Erbauung lese ich aus den Sprüchen Salomonis, Kapitel sechs, Vers neun. Wie lange, Bummler, willst du dort liegen? Wie lange, bevor du dich aus deinem Schlafe erhebst?«

Snoopy: »Kapitel zwölf, Vers zehn: Einen guten Mann kümmert es, wenn sein Tier hungrig ist!«

Davon kann sich jeder Haushund eine Scheibe abschneiden.

5. Rantanplan

Gehört formal zur seltenen Gruppe der → Begleit-, Wach- und Schutzhunde. Er hat nämlich einen Job. Als Gefängnishund schläft er ständig, spricht nie, denkt, wenn überhaupt, nur ans Essen und lässt die Insassen entkommen, damit Lucky Luke sie wieder einfangen kann. Aufgrund dieser Arbeitsmoral ist er trotz der irreführenden Dienstbezeichnung der Spezies des intellektuellen Haushunds zuzuordnen. In jeder Sekunde folgt er der von Henry Ford geprägten Regel: Ich stehe nie, wenn ich sitzen kann, und sitze nie, wenn ich liegen kann. Darin, dass er überall als dümmster Hund der Welt gefeiert wird, liegt sein größter Erfolg. Wer klug ist, wird gebraucht, die Dummen haben Pause (vgl. → Vorwort, → Understatement). Rantanplans wahre Geistesgröße offenbart sich in einer Szene, in der er in aller Ruhe auf den Bahngleisen sitzt, während ein Zug sich nähert und schließlich wenige Zentimeter vor seinen Pfoten mit kreischenden Bremsen zu stehen kommt. Rantanplan:

»Das ist der Sieg des trägen Gedankens über die bewegte Materie.«

Womit wieder einmal eine Welterklärungsformel lanciert wäre.

6. Die richtige Antwort ...

... lautet: fünf.

Darwin, Charles

1809–1882, Begründer der modernen Evolutionstheorie. Nach Darwin werden Entstehung und Wandel von Arten durch natürliche Selektion realisiert. Eine Art, die sich weder wandeln noch neu entstehen will, sollte derartige Theorien lieber ignorieren. Darwin war das fünfte Kind einer Landarztfamilie und hatte selbst zehn Kinder, von denen sieben überlebten. Wie er zu seinen Ideen kam, ist damit ausreichend erklärt. Siehe auch → Fittest, survival of the.

Decke, Hunde

1. Dichter Belag aus Hundehaaren, der nach kurzer Zeit auf allen Lieblingsplätzen des Haushunds vorzufinden ist und die territoriale Souveränität des Hundes über die betreffenden Quadratzentimeter symbolisiert.

2. Großer Filzlappen, den *homo sapiens* über → 1. wirft, um anzuzeigen, dass er der Einzige ist, der Teile seines souveränen Territoriums als Lehen vergibt. Nur komplexbeladene Hunde liegen unmittelbar nach dem Ausbreiten einer

Hundedecke plötzlich an einem völlig anderen Platz. Denn die wahre Souveränität besteht darin, die Souveränitätsgesten aller anderen Lebewesen gepflegt zu übersehen.

Denken

Kognitive Fähigkeit, die dem menschlichen Überlegenheitsgefühl als letztes Bollwerk dient. Damit *homo sapiens* sich als unangefochtener Herrscher des Planeten fühlen kann, muss er sich immer wieder seiner fundamentalen Ausnahmestellung gegenüber allen anderen Wesen versichern. Dass er im Gegensatz zu seinem Haushund auf zwei Beinen geht und in der Lage ist, mit seinen irgendwie anstößig geformten Fingern den Kühlschrank zu öffnen, ist ihm als Unterscheidungskriterium zu simpel. Mensch-Sein verlangt nach einem theoretischen Sockel, auch »Geistesgeschichte« genannt.

Aristoteles hantierte noch mit dem »Menschen als politischem Tier«, was in Zeiten der Politikverdrossenheit als anachronistisch gelten darf. Bei dem Versuch, der Tierwelt durch Verwandtschaft mit dem Göttlichen zu entkommen, übersahen die Christen, dass den Haushund eine frappierende Familienähnlichkeit mit erheblich älteren Göttern verbindet. *Homo faber* musste darüber hinaus erkennen, dass sogar Kakadus und Otter in der Lage sind, ein Werkzeug zu verwenden. Im Kommunikationszeitalter schließlich mühen sich hoch bezahlte Forscher mit der Entschlüsselung von Walgesängen, und der Tag, an dem sie ihr Ziel erreichen, wird sicher der letzte sein, an dem Supermärkte Thunfisch in Dosen verkaufen. Im Grunde aber weiß längst jeder, dass auch Tiere über komplexe Sprachsysteme verfügen – sonst würden die Wissenschaftler für die Decodierung nicht so lange brauchen. Was bleibt? Die Gedanken sind frei, denkt sich der

Denken

Mensch, und sollen deshalb ihm allein gehören. Er definiert »Denken« als die Befähigung, aus Vorstellungen, Erinnerungen und Begriffen eine Erkenntnis zu formen. Erkenntnis wiederum, erkennt der Mensch, ist Vernunftsache und *homo sapiens* schon dem Namen nach ein Vernunftbegabter. Fertig ist die Vorherrschaft.

Nun hat aber selbst der vernageltste Haushund eine *Vorstellung* davon, was es beispielsweise heißt, wenn sein Mensch eine Reisetasche packt (vgl. hierzu → Tasche, Reise). Er *erinnert* sich an die letzte unklimatisierte Autofahrt nach Süditalien und macht sich einen *Begriff* vom Bedeutungsgehalt der Aussage »Hör auf zu nerven und steig ein«. In der *Erkenntnis*, dass er an seinem Schicksal nichts ändern kann, kriecht er ins Auto und verfällt in buddhistische Duldungsstarre. Woraus folgt: *Cogito ergo Hund.* Der differenzierungssüchtige *homo sapiens* sei getröstet mit dem Leitspruch einer ostdeutschen Brauerei: Der Unterschied zwischen Mensch und Tier / ist immer noch ein schönes Bier.

Dialoge

Was *homo sapiens* einen Dialog mit seinem Haushund nennt, ist in Wahrheit ein Monolog, da Letzterer sich bekanntlich streng an die Regel hält: Was auch passiert, sag niemals ein Wort (vgl. → Vorwort). Die kommunikative Einbahnstraße zwischen *homo sapiens* (Sender) und Hund (Empfänger) wird von drei Sorten von Botschaften benutzt: »Böser Hund«, »Guter Hund« und »Sonstige«. Zur Veranschaulichung wird im Folgenden ein kommentiertes Beispiel für jede Dialogart angeführt.

1. Böser Hund

Homo sapiens kommt nach Hause, der Haushund führt einen rituellen Begrüßungstanz auf. Im Flur sind die Überreste eines zerfledderten Telephonbuchs verstreut.

Homo sapiens: »Ist ja gut, war doch nur zwei Stunden weg. Danke, ich hab gern eine Hundezunge im Ohr, während ich mir die Schuhe ausziehe. Großes Kino. Absolut oscarverdächtig.«

Beim Dialog mit dem Haushund entfaltet homo sapiens eine infantile Art von Ironie, die er sich im Umgang mit Artgenossen niemals erlauben könnte. Der Hund simuliert ein → Lachen, indem er die Mundwinkel auseinander zieht und die Zunge heraushängen lässt.

Homo sapiens: »Ach du Scheiße, was ist das denn?«

Mensch und Tier lassen die Blicke über das Papierschnipselpanorama schweifen.

Homo sapiens: »Warst du das? Sag schon, warst du das etwa?«

In Anbetracht der Tatsache, dass sonst niemand zugegen ist, handelt es sich um eine rhetorische Frage, die keine Antwort verlangt. Der Haushund klappt die Ohren herunter und krümmt sich, bis er fast umfällt.

Homo sapiens: »Böser Hund! Du bist ein ganz böser Hund!«

Der Mensch fasst den Hund am → Genick und schüttelt ihn. Der Hund schreit, als würde ihm bei lebendigem Leib die Milz rausgerissen, woraufhin sich die Wut von homo sapiens sofort in Beschämung verwandelt. Er beginnt, Papierschnipsel aufzusammeln.

Homo sapiens: »Du denkst wohl, ich hab eh keine Freunde, da brauch ich auch kein Telephonbuch? Falsch gedacht. Böser Hund.«

Der Haushund sitzt in der Ecke und klappt jedes Mal die

Ohren nach unten, wenn homo sapiens ihn ansieht. Versuchs-
weise klopft er ab und zu mit dem Schwanz auf den Boden,
sofern er einen hat (vgl. → Kupieren). Endlich hat der Mensch
die Spuren der Verwüstung beseitigt.

Homo sapiens: »Dann kannst du nächstes Mal die Öff-
nungszeiten von deinem blöden Tierarzt selbst herausfinden.
Obwohl es dir lieber wäre, wir würden den überhaupt nicht
anrufen, was? Deshalb hast du das Telephonbuch gefressen!«

Beinahe. Der Haushund hat das Stichwort für seinen Ein-
satz erkannt, leckt homo sapiens die Hände und beginnt mit
Teil zwei des Begrüßungstanzes.

2. Guter Hund

Der Hund hält Wache vor der geschlossenen Tür des → Bade-
zimmers und bekämpft seine Paranoia, indem er an einem
Pantoffel schleckt. Als homo sapiens mit Duschen fertig ist,
kommt er aus dem Bad und stolpert über den Hund.

Homo sapiens: »Wo sind ... Hoppla! Was hast du denn da?
Na sowas, du hast mir meine Pantoffeln gebracht! Oder
wenigstens einen. Was für ein guter Hund! Feiner Hund.«

Der Pantoffel ist an einer Seite klitschnass, aber der Mensch
verhält sich zum Hund wie Gott zum Menschen: willkürlich
und unberechenbar im Guten wie im Bösen. In einem plötz-
lichen Zuneigungsanfall geht er in die Knie und massiert dem
Hund das Rückenfell.

Homo sapiens: »So ein guter Hund. Du bleibst immer bei
mir. Wir sind eine Familie. Ein → Rudel.«

Der Mensch glaubt, dass ein Haushund ihn besser versteht,
wenn er pseudowissenschaftliche Termini aus der Zoologie
verwendet. Für solche rührend naiven Ideen liebt ihn der
Haushund besonders, weshalb er ihm jetzt mit der Zunge ins
Gesicht fährt.

Homo sapiens: »Siehst du, das hast du begriffen! Du verstehst jedes Wort. Du tust nur so stumm, damit du nicht einkaufen gehen musst.«

Manchmal ist homo sapiens von erstaunlicher Hellsichtigkeit. Dass er seine wichtigsten Erkenntnisse für gelungene Witze hält, ist ein Problem der menschlichen Geistesgeschichte und gleichzeitig unsere Rettung in vielen Lebenslagen. Glücklich über diesen simplen Zusammenhang, wedelt der Hund mit den Pfoten in der Luft, während er von homo sapiens ausgiebig gelobt und bewundert wird.

3. Sonstiges

Dialoge in der Kategorie »Sonstiges« beziehen sich auf die Themengruppe Sinn des Lebens, persönliche Glücksfähigkeit und aktuelle Regierungspolitik. Der Haushund dient dabei als Ansprech-Dummy, weil er weder protestieren noch weglaufen kann. Gleiches gilt eigentlich für sämtliche Dialogformen, nur merkt man es hier besonders deutlich.

Homo sapiens: »Ach, mein Guter, wenn du wüsstest, wie das ist, sich den ganzen Tag mit Artgenossen herumzuschlagen! Entweder sie greifen dich an, oder sie schleimen rum, oder sie sind für beides zu blöd.«

Der Haushund ist Stammgast auf der Hundewiese (→ Wiese, Hunde) und weiß deshalb haargenau, wie das ist. Er hebt die Augenbrauen zu einem Ausdruck tiefen Mitgefühls.

Homo sapiens: »Wenn alle so wären wie du! Geduldig, treu, immer da, wenn man jemanden braucht.«

Der Haushund klopft mit dem Schwanz auf den Boden. Abendessenszeit ist die treueste Stunde des Tages.

Homo sapiens: »Oder wenn wir tauschen könnten ... Die Menschen rennen auf der Welt herum, kämpfen, schreien, regen sich auf und verdienen Geld damit, bis sie eines Tages feststellen, dass etwas anderes wichtiger gewesen wäre. Ein

Hund muss nur darauf warten, dass ihm jemand was zu essen macht.«

Darauf wartet der Haushund in der Tat (vgl. → Warten). Er läuft zum Kühlschrank, um zu beweisen, dass er aufmerksam zugehört hat.

Homo sapiens: »So ein Clown! Bush wurde wiedergewählt, die Ölpreise steigen und du willst Käse.«

Er öffnet den Kühlschrank, schneidet zwei dicke Scheiben vom Roquefort ab, wirft dem Hund eine zu und schiebt sich die andere in den Mund.

Homo sapiens: »Lecker. Scheiß auf die Welt.«

Merke: Am Ende behält der Haushund immer Recht.

Diät

Krankenkost, auch: Schonkost. Die auf die Bedürfnisse eines Kranken oder Rekonvaleszenten abgestimmte Ernährungsweise[2].

Schon aus der amtlichen Definition ergibt sich, dass eine Diät für den gesunden Haushund völlig ungeeignet ist. Die durch Schonkost zu kurierende Krankheit besteht eigentlich darin, dass *homo sapiens* seine eigenen Wünsche, Gefühle und Idealvorstellungen im Zuge einer schizoiden Abspaltung auf das hündische *alter ego* projiziert. Deshalb sagt er nicht: »Herrgott, ich bin zu fett«, sondern: »Hund, wir brauchen eine Diät.« In pathologischen Fällen lautet die Äußerung: »Hund, was *du* brauchst, ist eine Diät!«

Da das Fasten ohne ärztliche Kontrolle erhebliche Gefahren mit sich bringt, ist es als Körperverletzung einzustufen,

---

2 Duden, Das Fremdwörterbuch, zum Stichwort »Diät«.

die den Haushund zur Notwehr berechtigt. Er sollte nicht zögern, schon im Anfangsstadium der sogenannten Diät das ganze Instrumentarium an Gegenmaßnahmen zum Einsatz zu bringen. Gleich am ersten Tag muss in der Nähe von Bushaltestellen oder Mülltonnen alles aufgenommen und verzehrt werden, was im Entferntesten an Essbares erinnert (vgl. → Aasfresser). Der verzweifelte Konsum von Grashalmen hilft beim Erbrechen auf den Wohnzimmerteppich. Am zweiten Tag geht der Haushund dazu über, vorbeigehenden Kindern die Schulbrote aus der Hand zu schnappen. Zu Hause wechseln Phasen des Kratzens am Kühlschrank mit solchen des Nagens an der mit Draht verschlossenen Futtertüte. Probanden berichten, dass ab zwei Uhr morgens auch Heulen vor der Speisekammertür oder das Ausschlecken einer leeren Konservendose auf den Küchenfliesen zum erfolgreichen Abbruch der Diät geführt habe. Zeigt *homo sapiens* am dritten Tag noch keine Reaktion auf die genannte Behandlung, sind gewaltsames Eindringen in Metzgereien sowie räuberische Erpressung am Döner-Stand geboten. Auch ein Schwächeanfall in der Fußgängerzone, möglichst neben dem Tapetentisch eines Tierschutzvereins, hat selten seine Wirkung verfehlt.

Das Ende seiner Erkrankung zeigt *homo sapiens* mit den Worten an: »Hauptsache, wir sind gesund« oder »Hauptsache, wir haben uns lieb«. Ich wünsche allen Betroffenen viel Glück.

Dosenpfand

Staatliches Zwangssystem zur Beseitigung von Hundespielzeug aus dem öffentlichen Raum. Seit Einführung des Dosenpfands sind auf Straßen, Plätzen und Wiesen weder

Colabüchsen noch Plastikflaschen auffindbar – und somit nichts mehr, das sich lautstark zusammenquetschen lässt und seinen Restinhalt auf umstehende Hosenbeine verspritzt, wenn man es begeistert schüttelt. Achtung! Pfandfreie Saftflaschen knirschen zwischen den Kiefern und sind schlecht für den Zahnbelag.

Du, du, du

Freiwillige Depravierung des menschlichen Sprachvermögens in der fehlgeleiteten Absicht, mit einer minderbegabten Intelligenzform zu kommunizieren. Mit »du, du, du« gibt *homo sapiens* zu verstehen, dass er die Normenkonformität des Haushunds während einer nicht weit zurückliegenden Zeitspanne in Zweifel zieht. In solchen Situationen empfiehlt es sich, weniger auf Verbalverirrungen als auf die erhobene Hand des Gegenübers zu achten.

E

Ego

Gott der Atheisten. Wie die meisten Götter verlangt Ego Opfergaben und Anbetung und verbringt viel Zeit mit dem Anwerben neuer Jünger. Weil er sich trotz aller Mühe nur auf einen einzigen verlässlichen Anhänger (d. i. er selbst) stützen kann, geht die Arbeit schlecht voran. Entsprechend ist Ego ein unzufriedener Gott. Er ist nicht dafür bekannt, bei schlechtem Wetter lange Spaziergänge in den Park zu unternehmen oder viel Geld für Kauknochen auszugeben, weshalb der menschliche Egoismus von religiösen Haushunden als gefährliches Sektierertum abgelehnt wird. *Homo sapiens* soll sich nicht selbst anbeten, sondern sich um seine Gläubigen kümmern. Vgl. → Religion.

Eid

Der Haushund unterliegt einer besonderen Treuepflicht, aus der sich eine Beschränkung der meisten Bürgerrechte, insbesondere des Rechts auf freie Meinungsäußerung, ergibt. Er hat den Instruktionen seines Vorgesetzten Folge zu leisten und darauf zu achten, dass Ruf und Ansehen seines Dienstherrn nicht gefährdet werden. Dafür wird er angemessen besoldet, wobei zu erwähnen ist, dass ihm weder Streik- noch Tarifrechte zustehen (vgl. → Beamter).

Nach Vorbereitungsdienst und Probezeit leistet der etwa sechs Monate alte Welpe einen Eid, der seinen Status als Haushund begründet. Dazu sieht er seinem Menschen fest ins Gesicht und vergegenwärtigt sich die folgenden Worte: »Ich schwöre, dass ich meine Kraft dem Wohle dieses *homo sapiens* widmen, seinen Nutzen mehren, Schaden von ihm wenden, seine → Regeln und die → Hausordnung befolgen und gelegentlich auch mal Gerechtigkeit gegen jedermann üben werde. So wahr mir Mensch helfe.« Daraufhin gibt *homo sapiens* durch die Formel »Was glotzt du so blöde?« zu verstehen, dass er den Treueschwur annimmt und den Haushund von nun an als unkündbar betrachtet.

Entenjagd

Traditionsreiches, menschliches Jagdvergnügen, zu dessen Durchführung der Hund unverzichtbar ist. Mit etwas Glück kann *homo sapiens* eine Ente erschießen, aber bei dem Versuch, sie aus einem schlammigen Tümpel zu fischen, würde er sich lächerlich machen. Diese Aufgabe bleibt dem → Nutztier vorbehalten. Seit die Entenjagd aus der Mode gekommen ist, hat der sportliche Haushund eine eigene Variante entwickelt. Er kauert mäßig gut versteckt am Rand des Stadtteichs und wartet auf das Einfallen eines Schoofs. Wenn die dummen Vögel gründelnd in der Entengrütze schaukeln, springt der Haushund hervor und ruft laut »hopp!«. Das genetische Kollektivgedächtnis meldet dem Schoof das Anbacken einer Entenflinte und den zu erwartenden Entenhagel, so dass sich das Federvieh schnatternd in die Luft erhebt. Mit einem Satz springt der Haushund in den Teich und schlägt im Wasser um sich, bis weit und breit keine Ente mehr zu sehen ist. Das ist ein Riesenspaß, bei dem niemand verletzt wird und weder Herr noch Hund durchs Dickicht preschen müssen, um gefiederte Leichen zu bergen. Trotzdem gibt es Ärger mit *homo sapiens*. Aber das ist nur Neid.

Enthusiasmus

Das Gegenteil von Coolness und damit eine Regung, die sich der wohlerzogene Haushund eigentlich nicht erlauben sollte. Leider lautet die ursprüngliche Bedeutung des Begriffs »von Gott erfüllt«, weshalb der Haushund geradezu prädestiniert ist für enthusiastische Gefühlsausbrüche (vgl. → Religion). Mit wenigen Ausnahmen begeistert den Haushund schlichtweg alles, was sein *homo sapiens* unternimmt. Beim Kochen erzeugt er himmlische Düfte. Beim Baden kann mit etwas Geschicklichkeit vom geheiligten Wasser getrunken werden. Gartenarbeit ist ein lustiges Buddelspiel im Freien, und schlafend weckt der Mensch archaische Schutzinstinkte, die den Haushund veranlassen, einmal in der Stunde mit lautem Knurren verdächtige Bewegungen auf der Straße zu melden. Wie jeder Gott ist *homo sapiens* vom aufdringlichen Enthusiasmus seiner Jünger häufig genervt und ersinnt deshalb Rituale, um die permanente Verehrung sinnvoll zu kanalisieren. Durch die Einführung kultischer Gegenstände wird die Hinwendung des Gläubigen von der Person des Gottes abgelenkt. So gibt es Hunde, die enthusiastisch ihre eigene Leine, die Zeitung oder den Einkaufskorb tragen; andere besitzen ein großes Stofftier, das sie sich selbst um die Ohren hauen, während sie vor *homo sapiens* liturgische Tänze aufführen.

Enthusiasmus

Wer einmal einem Haushund dabei zugesehen hat, wie er sich beim Apportieren eines → Stöckchens auf halsbrecherische Weise in jedes Gestrüpp, durch jeden Stacheldraht und von jeder Mauer stürzt, wird viel von dem Unbegreiflichen verstehen, das tagein, tagaus auf der Welt geschieht. Und wer im Anschluss daran beobachtet, wie der Haushund zu Füßen seines Herrn mit seliger Miene schläft, die Schnauze auf den unbequemen Stock gebettet, wird ahnen, warum sich die immer und überall von Enthusiasmus bedrohte Welt auch gar nicht ändern will.

Erziehung

Beliebtes Zwei-Mann-Spiel, bei dem die eine Partei versucht, praktische Details ihrer Weltanschauung auf die andere Partei zu übertragen. Wie bei allen Spielen gibt es Gewinner und Verlierer sowie verschiedene Schwierigkeitsgrade. Die antiautoritäre Erziehung schränkt die erlaubten Mittel so stark ein, dass sich der Erzieher zum Erzogenen verhält wie ein Steinmetz ohne Werkzeug zum Granit. Bei der autoritären Erziehung steht der Erzogene vor dem Erzieher wie eine Ameise vor dem Elephanten, nachdem sie höflich aufgefordert wurde, doch zur Seite zu treten. Weil der Spielverlauf in beiden Varianten vorhersehbar ist, haben sich *homo sapiens* und Haushund für eine spannende Mischform mit offenem Ausgang entschieden. Für den Haushund stellt seine natürliche Leidenschaft für → Gehorsam und → Regeln das größte Handicap dar, während *homo sapiens* durch sein äußerst empfindliches schlechtes Gewissen regelmäßig am Sieg gehindert wird. Innerhalb des beschriebenen Kräftegleichgewichts lassen sich viele spannende Manöver durchführen. Am Ende ist der Erziehungserfolg auf beiden Seiten gleich groß und ein kleines Stück mehr Gerechtigkeit in der Welt. Schlimm ist nicht, das Spiel zu verlieren. Schlimm wäre, es gar nicht erst aufzunehmen.

Europäische Union

Da der Haushund keine Banane ist, keine Zigaretten raucht und keine Beitrittsanträge stellt, ist er mit der Europäischen Union (EU) über lange Zeit hinweg kaum in Berührung gekommen. Das hat sich schlagartig geändert, als die supranationalste aller Organisationen den Reisepass für Tiere erfand. Das neue Dokument in EU-Blau ordnet den Verfasser unter der Nummer DE 04 9565501 der *Federal Republic of Germany* zu. Auf der ersten Seite starrt der Passinhaber verunsichert von einem Photo herunter und wird als *black, dog, mix* und *male* ausgewiesen. Ob der pflichtschuldige Steuerzahler (vgl. → Steuer, Hunde) nun auch in den Genuss von Unionsbürgerschaft, Arbeitnehmerfreizügigkeit und Wahlrecht kommt, ist noch nicht geklärt. Außer diesem offiziellen Dokument besitzt der Haushund einen Mikrochip im Halsfleisch, der, ähnlich wie der Strichcode auf einer Konserve im Supermarkt, mit einem Scanner abgelesen werden kann. Was George Orwell dazu gesagt hätte, will ich lieber nicht hören. Trotzdem würde jeder Beamte des Innenministeriums heftig bestreiten, dass der Haushund ein billiges Identifikationsverfahren auf seine spätere Tauglichkeit für *homo sapiens* testet. Zum Dank erleichtert die EU dem Haushund die Einreise in ihre Mitgliedstaaten. Theoretisch jedenfalls. Dass noch kein Zöllner an der Grenze jemals einen *pet passport* gesehen hat, ist kein Zeichen von bürokratischem Irrsinn, sondern hat mit der besonderen Form von Bürgernähe in der Europäischen Union zu tun.

F

Fellwechsel

Der Haushund hält es mit seiner Bekleidung nicht anders als *homo sapiens*: Der Winterschlussverkauf dauert so lange, bis der Sommerschlussverkauf beginnt, und umgekehrt. Sobald der junge Haushund von Kopf bis Fuß mit Fell bewachsen ist, beschäftigt er sich den Rest seines Lebens damit, es wieder abzuwerfen. Das hat lästige Folgen für *homo sapiens* (vgl. → Wischen), gegen die es zwei Mittel gibt: Bürsten und Staubsaugen. Beide wirken nicht. Wäre »Der Mythos von Sisyphos« nicht schon geschrieben, hätte irgendwann ein Haushund das Buch für seinen Besitzer verfasst. *Homo sapiens* muss lernen, dem Absurden und Sinnlosen ins Gesicht zu sehen und das Chaos als Beginn aller Freiheit zu begreifen. Weil der Menschengott nicht genügend Felsbrocken und Steilhänge für alle zur Verfügung hatte, erfand er den Haushund und der Haushund den Fellwechsel. Deshalb ist jeder → Kynologe auch → Kyniker. Es gibt kein noch so haariges Schicksal, das nicht durch Verachtung überwunden werden könnte.

Fiffi

Ein französisches Ballettröckchen oder so ähnlich, umgangssprachlich auch: alte Perücke. Und Schluss.

Fitness

Die Fitness hat *homo sapiens* ersonnen, um mit ihrer Hilfe
den darwinschen Überlebenskampf (siehe → Darwin,
Charles) zu simulieren, den er zuvor durch jahrtausende-
lange evolutionäre Anstrengung glücklich außer Kraft gesetzt hatte. Uns Haushunde geht das nur insoweit etwas an,
als wir in die Auseinandersetzung zwischen *homo sapiens* und
seinem eigenen Körper miteinbezogen werden. Gegen viel
Bewegung an der frischen Luft ist nichts einzuwenden. Da
diese aber erhöhten Energieverbrauch verursacht, sollte sie
keinesfalls mit kalorienreduzierter Ernährung verbunden
werden. Für den Umgang mit unerwünschten Folgen der
Fitness vgl. → Diät.

Fittest, survival of the

Häufig missverstandene Formel nach → Darwin, die das
Leben als Dschungelkampf begreift, in dem der Stärkste
gewinnt. Das dahinter stehende Theoriengebäude mag auf
begrenztem Gebiet eine gewisse Aussagekraft entfalten, zum
Beispiel auf der Hundewiese (vgl. → Wiese, Hunde), sofern
Nero die Dogge oder Hannibal der Riesenrottweiler anwesend ist. Grundsätzlich jedoch ist der Haushund ein nicht
nur von seiner Biologie determiniertes Wesen, sondern ein
Geschöpf mit Kultur, Bewusstsein, Reflexionsfähigkeit und

gesellschaftlichen Bindungen. Besonders die gesellschaftlichen Bindungen zu *homo sapiens* sind in der modernen Erlebniswelt von kaum zu überschätzender Bedeutung. Wer sich mit den Menschen gut stellt, wird bequem überleben, ohne im Mindesten fit zu sein (für Gegenbeispiele vgl. → Diät). Gute Nerven und salonfähiges Benehmen sind viel wichtiger als kraftmeierisches Draufgängertum. Wer einmal im Steigenberger am Frühstücksbüffet gebettelt hat, weiß, wovon ich spreche (vgl. → Betteln).

Fluchtpunkt

Der Fluchtpunkt ist nicht nur eine geometrische Konstruktion, mit deren Hilfe selbst der unbegabteste Zeichner ein Paar beeindruckend perspektivischer Eisenbahnschienen hinbekommt. Es ist generell die Stelle, zu der alles strebt, wenn man bemüht ist, Distanz zu gewinnen. Wenn *homo sapiens* über Tage hinweg alle Annäherungsversuche mit einem müden Kopftätscheln abspeist, wenn die Hündin der Nachbarn viel zu gut riecht und die Wildnis den Haushund mit den Worten ruft: »Du bist von allen Tieren der angepassteste Pisser!«, wäre selbst der treueste Begleiter gern mal woanders. Dabei stellt ihn die strenge Verbundenheit zu *homo sapiens* (vgl. → Eid) vor eine paradoxe Aufgabe: Er muss den höchstmöglichen Abstand bei größtmöglicher Nähe zwischen sich und seinen Herrn bringen. Zu diesem Zweck kriecht er unter das Bett, wo er die Atemzüge des Menschen dicht über dem Kopf vernimmt, und stellt sich vor, in einer einsamen Felsspalte zu liegen. Oder er zwängt sich hinter die Couch, während *homo sapiens* vor dem Fernseher sitzt, und muss an den Hinterbeinen wieder herausgezogen werden (vgl. → Lebensraum). Je nach Körpergröße schafft es der Haushund in

Fluchtpunkt

eine leere Reisetasche, den Kleiderschrank oder Wäschekorb, wo er sich dann weit weg wähnt, während es gleichwohl intensiv nach *homo sapiens* riecht. Natürlich hat er das Ziel an keinem dieser Orte wirklich erreicht. Auch *homo sapiens* kennt das Problem und nennt den Fluchtpunkt je nach Zusammenhang entweder »Zukunft« oder »Horizont«: Viele Bewegungen zielen dorthin, das Ankommen findet woanders statt. Unter dem Bett oder im Kleiderschrank lässt sich die Sehnsucht manchmal einfach besser aushalten.

Frauchen

Siehe → Herrchen/Frauchen.

Freund, Hunde

Der Hundefreund ist ein Mensch, der keinen Haushund, dafür aber ein großes Lager an Hunde-Leckerlis besitzt und ein stehendes Kontingent davon in seinen Manteltaschen mit sich führt. Erspäht er einen Hund wartend vor dem Supermarkt, unter einem Kneipentisch oder am verkaufsoffenen Samstagnachmittag zwischen sieben Einkaufstüten an der Seite seines *homo sapiens*, wirft er sich auf die Knie, fördert seine essbaren Schätze zutage und beginnt mit dem Schlachtruf »Wie-alt-ist-er-denn-wie-heißt-er-darf-ich-ihm-was-geben« den Haushund zu füttern. Der → Besitzer des Hundes kann den Hundefreund nicht leiden. Letzterer geht nicht viermal am Tag spazieren, quält sich nicht mitten in der Nacht aus dem Bett, wenn der Hund Durchfall hat, zahlt keine Hundesteuer (vgl. → Steuer, Hunde), steht stattdessen im Weg und redet debilen Unsinn über ein grundsolides Tier.

Außerdem soll der Haushund nichts von Fremden nehmen, weil er sonst das → Betteln erlernt. Betteln kann der Hund zwar schon, denn das ist angeboren. Das Leckerli vom Hundefreund aber spuckt er trotzdem aus, weil es von ALDI ist und nach Sägespänen schmeckt. Angesichts solchen Verhaltens verdoppelt sich die Liebe von *homo sapiens* zu seinem Tier, während er es mit einem schadenfrohen Grinsen weiterzieht und den Hundefreund einfach stehen lässt. So befördert der Hundefreund die Freundschaft zwischen Mensch und Hund, obwohl das vom ursprünglichen Bedeutungsradius des Begriffs gar nicht umfasst war.

Frühstück

Die erste → Mahlzeit des Tages.

Frühstück, zweites

Die zweite → Mahlzeit des Tages.

Frühstück, drittes

Die dritte → Mahlzeit des Tages.

Frühstück, viertes

Das ließe sich jetzt ewig so fortsetzen. Die Wahrheit ist, dass die meisten Haushunde überhaupt kein Frühstück erhalten, es sei denn, sie suchen es sich selber. Ein sadistischer Tierphysiologe hat irgendwann verkündet, dass Hunde nur einmal am Tag etwas zu essen brauchen und von Zeit zu Zeit einen Fastentag einlegen sollten. Seitdem lebt dieser »Wissenschaftler« mit neuer Identität auf den Galapagos-Inseln, wo er sicher sein kann, auf keinen Haushund zu treffen.

Fuß

1. Unterstes Ende vom Haushund in vierfacher Ausfertigung. Beim jungen Hund ein Mittel zur Vorhersage der späteren Körpergröße. Mir wurde mithilfe dieser Diagnosetechnik prophezeit, ich würde zum Format eines Neufundländers heranwachsen. Heute bin ich kniehoch und habe Riesen-Quanten. Es glaubt ja auch niemand an die Wettervorhersage.

2. Ein sogenannter dynamischer Befehl mit der Bedeutung: Halte dich ab jetzt in der Nähe meiner Kniescheibe auf. Der Haushund nimmt die Anweisung zur Kenntnis und legt sie dynamisch aus. Während der ersten zwei Minuten bedeutet der Befehl: zwanzig Zentimeter Abstand und Blickkontakt zu *homo sapiens*. In den folgenden drei Minuten: dreißig bis vierzig Zentimeter und Blick voraus. Danach vergrößert sich die Fuß-Distanz mit jeder weiteren Minute um fünfzig Zentimeter, bis der Hund wieder meilenweit vorausläuft, wenn möglich außer Hörweite.

G

Garten

Etwas, das *homo sapiens* unbedingt braucht, wenn er einen Haushund halten will. Ein Garten dient dazu, dem Hund das Betreten zu verbieten. Andernfalls würde sich das pflichtbewusste Haustier sogleich daranmachen, all die Tulpenzwiebeln aufzuspüren, die *homo sapiens* im Erdreich verloren hat, um sie zurück in die Wohnung zu bringen (vgl. → Hausordnung, Paragraph 2, Absatz 3). Danach pinkelt der Hund an die Stachelbeeren, erschreckt plärrende Nachbarskinder oder versucht, durch das Graben nach Bodenschätzen zum Erwerb des täglichen Lebensunterhalts beizutragen. Aber wie der Name schon sagt, hält sich ein *Haus*hund ohnehin am liebsten in geschlossenen Räumen auf.

Gassi

1. Unrichtige Aussprache eines alternativen Begriffs für »kleine Straße«.

2. Törichte Bezeichnung eines Tatbestands, in dessen Verlauf *homo sapiens* seinen Haushund einmal am Tag an einer

roten Schnappleine um die Baumscheibe vor seiner Haustür führt, um ihn daraufhin wieder in die Wohnung zu verfrachten. Merke: Jeder Assi geht Gassi – alle andern gehn → Wandern.

Gehorsam

1. Eine zu preußischen Zeiten beliebte Sekundärtugend.

2. Grundbedingung des Gesellschaftsvertrags zwischen Haushund und *homo sapiens*, der reibungsfreies Zusammenleben in einer artübergreifenden Gemeinschaft ermöglicht. Der Haushund begibt sich seines Naturrechts auf Kaninchenjagd, Dreckfressen und freie sexuelle Verwirklichung und erhält dafür ein beheiztes Schlafzimmer, regelmäßige Mahlzeiten und menschliche Zuneigung. Er lernt die Bedeutung der Befehle → Sitz, → Platz und → Fuß und entscheidet auf Einzelfallbasis, ob er ihnen Folge leisten will. Es sind extrem differenzierte Fälle von Gehorsam bekannt, in denen ein Mensch seinem Haushund zuruft: »Mach doch, was du willst!«, und der Hund macht, was er will. Besonders kleine, pinkfarbene Pudel sind die größten Punker. Sie beißen den Briefträger, pinkeln in die Topfpflanzen, schlafen im Brotkorb und agieren in jeder Hinsicht als Vertreter einer postmodernen, nihilistisch-anarchistischen Lebensform. Schon ihre Frisuren sind ein fellgewordenes »Anything goes«, auch wenn ihre Besitzerinnen das mit Sicherheit bestreiten würden. Zügellose Hunde sind allerdings unglückliche Hunde. Hierin zeigt sich eine wichtige Gemeinsamkeit mit *homo sapiens*, der mit der Freiheit, für die er zweihundert Jahre lang gekämpft hat, auch nichts Rechtes anzufangen weiß.

Genick

Körperteil des Hundes, an dem er geschüttelt wird, wenn er etwas falsch gemacht hat. Irgendein naturverbundener Tierpsychologe hat herausgefunden, dass der Haushund seinen *homo sapiens* am besten versteht, wenn Letzterer in Gesten spricht, die dem Hund aufgrund seiner wölfischen Rudelvergangenheit vertraut sind. Dem Ansatz liegt die Vorstellung zugrunde, dass die Wolfmama ihr Wolfkind am Genick packt und schüttelt, wenn es den Sauerbraten vom Vorabend aus der Tupperschüssel gefressen hat. Mir steht es nicht zu, über die wissenschaftlichen Erkenntnismethoden eines *homo sapiens* zu urteilen (vgl. aber → Katze, Schrödingers, → Konrad, Lorenz, → Pawlow, Iwan Petrowitsch und → Verhaltensforschung). Deshalb möchte ich nur meiner Erleichterung darüber Ausdruck verleihen, dass besagte Wolfmama ihr Wolfkind nicht mit einer von rostigen Nägeln gespickten Holzplanke verdroschen hat.

Geschäft

1. Etwas, vor dem der Hund wartet, während *homo sapiens* seine Besorgungen erledigt.

2. Etwas, vor dem *homo sapiens* wartet, während der Haushund seine Besorgung erledigt. Aufgrund der Verunsicherung darüber, wohin man inmitten menschlicher Zivilisation noch kacken darf, krümmt sich der Haushund zum Fragezeichen, während er in der Rosenrabatte vor dem Polizeipräsidium hockt. Dieser pantomimische Ausdruck eines kulturell hoch entwickelten Zweifels gegenüber der eigenen Triebhaftigkeit findet bei *homo sapiens* wenig Anerkennung. Obwohl gerade der Verständnis dafür haben müsste.

Gehorsam

H

Haushund

Der wissenschaftliche Name des gemeinen Haushunds lautet *canis lupus forma familiaris*, zu deutsch in etwa: der Wolf im Familienpelz. Was die lateinische Sprache uns damit sagen will, bleibt im Dunkeln. Jedenfalls etwas Angenehmeres als die Wendung *homo homini lupus*. Denn so viel steht fest: Von einem *canis lupus cani lupo lupus* hat noch niemand etwas gehört.

Hausordnung

Ordnung, die im Haus einzuhalten ist, wobei das Haus im Sinne der Norm auch den → Garten umfasst. *Homo sapiens* ist als Legislative, Exekutive und Judikative in Personalunion für Erlass und Vollstreckung der Hausordnung zuständig. Anders als andere Gesetze muss die Hausordnung nicht nur einmal, sondern täglich von neuem verkündet werden, weil das Gedächtnis des Hundes auf diesem speziellen Sektor auffallend schlecht ist. Hier soll das flüchtige Regelwerk erstmals schriftlich dingfest gemacht werden.

Ordnung des Zusammenlebens von Mensch und Tier, erlassen von *homo sapiens* in all seiner Machtfülle.

§ 1: Verhalten innerhalb der Wohnung

Absatz 1: Die Schüsseln mit der aufgedruckten Pfote in der Mitte gehören dem Haushund und enthalten sein Futter. Die anderen Schüsseln gehören *homo sapiens* und enthalten dessen Futter. Das Hinterlassen eines Pfotenabdrucks in den Schüsseln von *homo sapiens* ändert nichts an dieser Grundordnung der Dinge.

Absatz 2: Der Boden der Wohnung besteht aus hieb- und stichfestem Laminat. Es wird dem Haushund nicht gelingen, einen Notausgang unter der Tür durchzugraben. Am besten, er versucht es gar nicht erst.

Absatz 3: CDs sind keine Miniatur-Frisbeescheiben.

Absatz 4: Ökologische Reststoffverwertung bedeutet nicht, dass der Haushund den Biomüll umschmeißen soll, um nach Essbarem zu suchen. Auch auf dem Sauerbraten vom Vorabend klebt kein Grüner Punkt.

§ 2: Verhalten außerhalb der Wohnung

Absatz 1: Das Treppenhaus ist keine Carrera-Bahn. Wer zuerst unten ist, hat nicht gewonnen. Es wird auch nicht als sportliche Hilfestellung gewertet, wenn der Haushund *homo sapiens* die Stufen hinunterstößt, damit dieser ihn im freien Fall überholen kann.

Absatz 2: *Homo sapiens* akzeptiert hiermit, dass die Fußgängerzone zum Revier des Haushunds gehört. Drehkleiderständer mit Seidenblusen, die Obstkisten des Gemüsehändlers sowie ins Freie getragene Stühle vor Cafés und Restaurants stellen jedoch keine zu markierenden Grenzsteine dieses Gebietes dar.

Absatz 3: Im Frühjahr gräbt *homo sapiens* den → Garten um. Dabei benötigt er keine Hilfe. Das Ausbuddeln vermeintlich verloren gegangener Tulpenzwiebeln ist vielleicht lieb gemeint, steht aber im Widerspruch zu den biologischen Bedürfnissen der späteren Blume und muss deshalb unterlassen werden.

Absatz 4: Die Katze des Nachbarn ist ein Mitgeschöpf und hat auch gewisse Rechte.

§ 3: Nachtruhe

Absatz 1: Der letzte Spaziergang vor dem Schlafengehen ist kein Jagdausflug, sondern dient dem Verrichten der nötigsten → Geschäfte.

Absatz 2: Das Bett ist der Platz, an dem der Mensch schläft.

Absatz 3: Die Hundedecke ist der Platz, auf dem der Hund schläft (vgl. → Decke, Hunde).

Absatz 4: Wenn der Hund schon heimlich ins Bett kriechen muss, gilt zu beachten, dass Hunde sich zum Schlafen auf die Größe eines Fußballs zusammenrollen können. Das Einnehmen der gedehnten Rückenlage, Ausstrecken aller Glieder, Ausbreiten der Ohren und Heraushängenlassen der Zunge zur Maximierung der eingenommenen Grundfläche ist eine Attacke auf die menschliche Ordnungsmacht und gilt als Meuterei.

§ 4: Gefühle

Absatz 1: Wenn *homo sapiens* mal allein in die Stadt fährt, bedeutet das nicht, dass der Haushund für immer aus dem → Rudel verstoßen wurde. Es ist nicht notwendig, die höchste Alarmstufe auszurufen.

Absatz 2: Menschen, die mit Einkaufstüten beladen nach Hause kommen, von ihren Haustieren umgerannt werden, große Mengen von Wurst und Hundefutter um sich herum verstreuen und darüber auch noch erfreut sind, gibt es nur in der Fernsehwerbung.

Absatz 3: Liebe ist ein natürlicher Affekt und dem Grunde nach durchaus willkommen. Bei Gefühlsäußerungen aller Art ist jedoch folgende Reihenfolge einzuhalten: *Erst* leckt man dem Menschen das Gesicht, *danach* beschnuppert man den Hintern eines Kollegen.

Absatz 4: Liebe deinen Nächsten. Aber zeige es ihm nicht alle drei Minuten.

§ 5: Ordnungswidrigkeiten

Absatz 1: Verstöße gegen die Hausordnung werden mit aller gebotenen Härte geahndet.

Absatz 2: Hierfür steht dem Menschen eine breite Sanktionspalette zur Verfügung. Diese umfasst: hauen, boxen, puffen, schlagen, anschreien, schütteln, aussperren, schmollen, beschimpfen, Futterentzug, Liebesentzug, Freiheitsentzug, Küchenverbot, Wohnzimmerverbot, Schlafzimmerverbot, böse Blicke, ignorieren, ohrfeigen und noch vieles mehr.

Absatz 3: Es ist verboten, selbst die harmloseste Bestrafung sogleich mit Hundeblick, hängenden Ohren und eingeklemmtem Schwanz zu verhindern.

Absatz 4: Irgendwie kommen wir schon klar. Man kann sich ja wenigstens ein bisschen Mühe geben.

Heißgetränke

Kaffee ist ein koffeinhaltiges Heißgetränk. Tee ist ein theinhaltiges Heißgetränk, wobei Thein und Koffein, was die wenigsten wissen, dasselbe sind.[4] Muckefuck bezeichnet nicht etwa eine Form der Sodomie mit Meerschweinen, sondern ein Kaffeegetränk, das aus fast allem, nur nicht aus Kaffeebohnen gewonnen werden kann. Für den Haushund hat es mit solchen Paradoxien nur eine Bewandtnis: Ein Mensch, der eine dampfende Tasse vor das Gesicht hebt, versonnen in die Flüssigkeit pustet und dabei herausfordernd den Ellenbogen abspreizt, stellt eine Provokation dar, der ein normal veranlagter Haushund nichts entgegenzusetzen hat. Er schiebt die Schnauze unter den abstehenden Arm und reißt den Kopf ruckartig hoch. *Homo sapiens* verbrennt sich die Finger,

---

4 Duden, Das Fremdwörterbuch, zum Stichwort »Thein«.

Hemd und Hose sind ruiniert, und der Tag ist gelaufen, bevor er richtig angefangen hat. Wie bei vielen alten Riten liegt der Sinn des Spiels im Dunkeln.

Herrchen/Frauchen

Per definitionem sind Herrchen/Frauchen die Gebieter des Hundes. Die Verkleinerungsform als wortgewordene Kapitulation zeigt indessen an, wie klein sich das Herrchen/Frauchen vor der gewaltigen Aufgabe der Haltung und → Erziehung eines Haustiers fühlt. Statt dieser Tatsache durch Anschaffung eines Hündchens Rechnung zu tragen, folgen Hundehalter *in spe* bei der Auswahl ihrer neuen Lieblingsnervensäge einer anderen Regel: Je kleiner der Mensch, desto größer der Hund. Die beiden Bauernregeln »Wie der Herr, so das Geschirr« und »Wie das Frauchen, so das Wauwauchen« beweisen zwar anschaulich, dass man auch ohne jedes Sprachverständnis bleibende Sentenzen schaffen kann, sind jedoch empirisch nicht verifizierbar. Während mickrige Herrchen/Frauchen in der Regel von einem Ungetüm der Marke Rottweiler oder Dobermann begleitet werden, führen Bodybuilder, Mafiabosse und Auftragskiller einen knöchelhohen Handfeger an der Leine. Das lustvolle Unterlegenheitsgefühl des Gebieters gegenüber seinem Untertan mag ein psychologisch interessantes Thema abgeben. Mehr aber auch nicht, denn: vgl. → Gehorsam, → Regeln.

Hunde, große

Angeblich stammt der Hund vom Wolf ab. Letzterer ist 50 bis 60 Zentimeter hoch und damit vollauf zufrieden. Die → Zucht hat dies als eine Art Durchschnitt definiert, von dem aus man forsch in beide Richtungen streben kann. Die auseinander klaffende Schere der Zuchterfolge setzt einen Chihuahua *in puncto* Körpergewicht ins Verhältnis 1:80 zum Mastiff. Es wäre eine Untersuchung wert, ob nach einer Begegnung von *homo sapiens* mit einem zehn Meter hohen und fünf Tonnen schweren Artgenossen, der mit ihm kämpfen, spielen oder vögeln will, nicht der »feige Mensch« sprichwörtlich werden würde (vgl. → Sprichwort). Den handelsüblichen 30-Kilo-Mischling hat das nachgiebige Genmaterial seiner Gattung zum Partisanen gemacht. Jede Straßenecke ein Hinterhalt, hinter jeder Hecke ein Schütze, jedes → Herrchen/Frauchen ein Sekundant. Vor Betreten der Hundewiese gilt es sorgfältig zu prüfen, ob Nero die Dogge, Hannibal der Riesenrottweiler oder Terror der Altdeutsche Schäferhund anwesend sind (vgl. → Wiese, Hunde). In diesem Fall verringert sich die gefühlte Körpergröße auf zehn Zentimeter, und der Durchschnittshaushund beginnt zu bedauern, dass er nicht als tennisballgroßes Fellknäuel zur Welt gekommen ist und im Lenkerkorb eines Fahrrads an der Gefahrenstelle vorüberbefördert wird. Als Vertreter physischer Harmonie und Mäßigung trifft der pazifistische Hund auf ein uraltes Paradoxon: Auf dem Mittelweg, mag er noch so golden erscheinen, ist mit Angriffen von allen Seiten zu rechnen. Vgl. → Hunde, kleine.

Hunde, kleine

Trotz ihrer minimalen Körperhöhe sieht man sie meist nur von unten, da sie bei Auftauchen eines Artgenossen durch eine spezielle Schnappvorrichtung an der Leine in die Höhe gerissen werden. Von unten sehen sie genauso lächerlich aus wie von oben, weshalb der kluge Haushund die Augen verschließt und unbeteiligt weitergeht – vorausgesetzt, das Bonsai-Wesen hat sich nicht aus dem Arm seines Menschen befreit, um sich mit nervtötendem Hochfrequenz-Geheul in der Schwanzspitze des potentiellen Angreifers zu verbeißen. An diesem Punkt steht der Haushund vor einem Scheideweg. Entweder setzt er sich zur Wehr und sieht sein Photo anderntags in der Lokalzeitung unter der Überschrift »Killerbestie verschlingt harmlosen → Fiffi«. Oder er erreicht umgehend die nächste Stufe des Edlen Achtfachen Pfads. Bevor eine verbindliche Entscheidung getroffen wird, empfehle ich noch einmal die Lektüre des Abschnitts → Buddhismus.

Hygiene

Eine der Gesundheit zuträgliche Kunst. Weil Tiere im Gegensatz zum Menschen weder ayurvedisches Essen noch die Kosmetikindustrie brauchen, um ihre Gesundheit zu erhalten, nimmt der Haushund täglich verschiedene hygienische Handlungen vor, die ihm der → Instinkt diktiert. Dazu gehört das Grasfressen ebenso wie das Wälzen in schlammigen Pfützen, Baden im Ententeich, ausgiebiges Lecken der Genitalien und zeremonielles Erbrechen auf den Wohnzimmerteppich. Der zeitgenössische Mensch steht solchen Verrichtungen skeptisch gegenüber. Bis vor hundertfünfzig Jahren

Hygiene

benutzte *homo sapiens* lieber Puder als Waschlappen, teilte das Bett mit einem ganzen Insektenstaat und wusch die Wunden verschiedener Patienten mit demselben Schwamm. Daran zeigt sich, dass Hygiene für den Menschen keine Selbstverständlichkeit ist, sondern eine relativ neue zivilisatorische Errungenschaft. Heute ist seinem Verständnis nach alles sauber, was eine glatte Oberfläche aufweist und chemisch nach Tannennadeln, Erdbeeren oder Kokosnuss riecht. Vor diesem Hintergrund wird verständlich, warum *homo sapiens* mit dem Ausruf »Hygiene muss sein!« alle paar Wochen versucht, seinen Haushund mit Bürste, Kamm und Shampoo in eine glatte, chemisch duftende Oberfläche zu verwandeln. Aus Rache niest ihm der Haushund bei jeder Gelegenheit ins Gesicht. Letztgenanntes Verhalten wird auch als »seelische Hygiene« bezeichnet.

Hypnose

Zweiter *Dan* des Lass-Falln-Und-Gong (vgl. → Betteln). Über Stunden oder sogar Tage hinweg fixiert der Haushund seinen *homo sapiens* bei allen Bewegungen in der Wohnung, um ihn auf die Übernahme eines fremden Willens vorzubereiten. Mithilfe der Wiederholung des stummen Mantras »gib-gern-gib-gern-gib-gern« gelingt es ihm schließlich, Gewalt über das vegetative Nervensystem seines Menschen zu erlangen, bis dieser eine Dose Ravioli öffnet und sie mit der Bemerkung »Hauptsache, du guckst endlich woandershin!« am Futterplatz des Haushunds auf den Boden stellt. Erfahrene Hypnotiseure sollen es geschafft haben, *homo sapiens* zum Zubereiten und Servieren eines fünfgängigen Menüs zu veranlassen, ohne dass dieser sich hinterher an irgendetwas erinnern konnte.

Derartige Großleistungen sollten nicht gleich bei den ersten Versuchen erwartet werden. Ruft der Mensch mit erhobener Hand »Was glotzt du dauernd so blöde?«, muss das Experiment als gescheitert betrachtet werden. Wie bei allem gilt auch hier: üben, üben, üben. Vgl. → Telekinese.

Instinkt

Angeborene Reaktionsbereitschaft der Triebsphäre, die in einer zivilisierten Gesellschaft immer genau den falschen Impuls ausspuckt. Beugt sich ein großer fremder Mann im weißen Kittel über den kleinen schwachen Haushund, fordert der Instinkt unverzügliches Beißen in die ausgestreckte Hand. Lässt *homo sapiens* seinen Haushund vor einer Metzgerei warten, will der Instinkt reinrennen und einen Hirschrücken an sich reißen. Und wenn eine läufige Hündin vor der Nase des angeleinten Haushunds auf und ab scharwenzelt, meint der Instinkt: Scheiß auf *homo sapiens*, du bist sowieso stärker.

Jede der genannten Verhaltensweisen zieht Folgen nach sich, die das kleine Glück der Triebbefriedigung nicht annähernd kompensieren würde. Deshalb hat das Instinktwesen Haushund seine spontanen Wünsche in den seelischen Untergrund abgedrängt und sich in ein dreischichtiges psychologisches Tortenmodell verwandelt. Auch die meisten Menschen halten nacktes Rumhüpfen im Wald sowie zügelloses Fressen, Saufen und Kopulieren in Wahrheit für viel gesünder als dieses ewige anständige Verhalten, und so führt der Verlust instinktiver Handlungsbefugnis auch bei ihnen zu seelischen Störfällen, die Herr und Hund auf der Couch eines Psychiaters oder unter den Händen eines Naturheilkundlers auskurieren können. Nach Erhalt der Information, was eine Stunde Reiki für Hunde kostet, mag der Instinkt einwenden, es handele sich hierbei um bauernfängerische Quacksalberei. Aber, wie gesagt, wir haben gelernt, nicht auf die Stimme der → Natur zu hören.

Intellektuelle

Untergruppe von *homo sapiens*, deren Vertreter jahrzehntelang in Kaffeehäusern herumsaßen, Tabakwaren aus Zigarettenspitzen rauchten und gegen Mittag mit dem Absinthkonsum begannen. Weil der Intellektuelle zudem körperliche Bewegung mied, kein Geld für Wurst hatte und das Tageslicht nur auf dem Weg ins Café oder beim Hereinholen der Milchflasche erblickte, eignete er sich denkbar schlecht als Hundebesitzer (vgl. → Besitzer, Hunde).

Durch eine überraschende Mutation hat die Entwicklung dieser Spezies eine Kehrtwende vollzogen. Der neue Intellektuelle besitzt Gummistiefel, kann einen Nagel in die Wand schlagen und anschließend mit einer Zange wieder herausziehen, kauft Häuser im Grünen und hält Tiere für die besseren Menschen. Aufgrund dieser Tatsache und seines unregelmäßigen, bürofeindlichen Lebenswandels ist der Intellektuelle zum Wunsch-*homo-sapiens* für viele Haushunde geworden. Zwar findet sich in seinem → Auto statt einer Rolle Küchenpapier nur die Literaturbeilage der ZEIT, um Hundekotze von der Rückbank zu wischen (vgl. → Reisen). Dafür steht der Intellektuelle in seiner inneren und äußeren Haltung dem Haushund nahe, da niemand seinen praktischen

Intellektuelle

Nutzen begreift und trotzdem jeder einsieht, dass er von Zeit zu Zeit gefüttert werden muss. Seit der Intellektuelle ein neues Objekt für sein von Politik und Gesellschaft abgezogenes Verantwortungsgefühl braucht, ist er pflegeleicht und zuverlässig. Er beschäftigt das arbeitslose Weltgewissen gern mit konfliktarmen Ernährungsfragen, meinungsneutralen Spaziergängen und ideologiefreier Fellpflege. Außerdem sind selbst Prachtexemplare billig zu haben. Es reicht vollkommen, ihnen am Strand eines griechischen Campingplatzes zwischen die Füße zu geraten, dabei ein Bein nachzuziehen und die Augen in stummer Unterwerfung nach oben zu drehen. Ihr werdet viel Freude aneinander haben.

Intelligenzquotient

Index, der das graduelle Vorhandensein kognitiver Fähigkeiten bei einem Lebewesen anzeigt. Da der Haushund ohne Daumen keinen Stift halten kann und deshalb nicht in der Lage ist, das aus dem Rahmen fallende Wort der Serie »Katze, Hund, Pferd, Öltanker, Kanarienvogel« durchzustreichen, hat er auch keinen Intelligenzquotienten. Das ist nicht weiter tragisch, weil das Nichtvorhandensein eines solchen Quotienten eine Menge Ärger erspart (vgl. → Arbeit). Die → Quantenphysik und → Kant lassen sich auch ohne Intelligenzquotienten begreifen.

Ironie

Die Sprache der Ironen ist etwas, das Haustiere echt-gar-kein-bisschen-nicht-im-Geringsten verstehen. Wie Eltern über geplante Weihnachtsgeschenke vor ihren Kindern französisch sprechen, redet *homo sapiens* vor dem Haushund gern ironisch. Hm, da hast du fein ins Wohnzimmer gepinkelt, riecht prima. Schön, dass du dich auf meinem Kopfkissen so wohl fühlst. Danke für die Hilfe beim Öffnen der Schmelz-käsepackung (vgl. auch → Dialog). Was *homo sapiens* nicht begreift: Der minderbemittelte Haushund nimmt die Ironen schlicht beim Wort. Und dabei sollten wir es belassen. Wer stumm zuletzt lacht, lacht definitiv am besten.

Irrtum

Irren ist *menschlich*. Hiermit ist zu diesem Thema alles gesagt.

J

Job

Etwas, das der Haushund nicht braucht. Vgl. → Arbeit.

Jockey

Das Lustige ist: Wenn der Haushund ein Pferd geworden wäre, so wäre *homo sapiens* nicht etwa der Jockey. Vielmehr wäre der Haushund Pferd und Jockey in einem, während *homo sapiens* als Rennstallbesitzer fungierte. Keine Ahnung, ob das etwas aussagt. Für einen Moment kam es mir so vor.

Jogger

1. *Homo sapiens*, der einen Hundespaziergang in erhöhtem Tempo unternimmt. Er trägt dazu spezielle Kleidung, die seinen cw-Wert verbessern soll, und verschließt die Ohren mit Kopfhörern gegen das Spottgelächter der Welt. Der Luftwiderstand des gemeinen Haushunds hingegen wurde bereits von der Evolution optimiert. Das und der Umstand, dass er

Joggen

schnell läuft, niemals müde wird, trotzdem an jeder Ecke auf *homo sapiens* wartet und kein Interesse an sinnlosen Waldweg-Zweikämpfen hat, machen den Hund zum optimalen Sparringpartner.

2. *Homo sapiens*, der sich selbst zur Jagd freigegeben hat. Er steckt seine Beine in pinkfarbene Wurstpelle, imitiert die Bewegungen eines flüchtenden Rehs und wundert sich darüber, dass ein Haushund die Verfolgung aufnimmt. Das Perfide an diesem Zusammenhang besteht darin, dass noch der kleinste Haushund mit einer Beinlänge von zehn Zentimetern schneller rennt als ein noch so olympisch gekleideter Mensch. Das wiederum bringt den Jogger zur Weißglut, weshalb ein kluger Haushund sich rechtzeitig daran erinnern sollte, dass Wurstpelle nicht laufen kann.

Journalismus

Der Begriff beschreibt die Angewohnheit des Menschen, möglichst schlechte Neuigkeiten in möglichst flächendeckender Form unter seinen Artgenossen zu verbreiten. Um dabei nicht in den Ruf eines unkenden Schwarzsehers zu geraten, schließt *homo sapiens* sich einer Institution an, die nicht die Ansichten ihrer Mitarbeiter, sondern geschlechtslose »Fakten« und »Informationen« verkündet. Auf diese Weise gelingt es, das für den sozialen Frieden notwendige Gefühl einer gesamtgesellschaftlichen Talfahrt sowie den Glauben an den unmittelbar bevorstehenden Untergang aufrechtzuerhalten (vgl. → Polizei, → Umwelt). Für Haushunde hat der Journalismus erst Bedeutung, seit die Kampfhundhysterie den Teufel im Pudel wieder entdeckte (vgl. → Ordnungsamt, Beamter des, → Polizei). Ob Haushund, Taube, Moslem, Sonnenlicht, Rindvieh oder Einwegflasche – wer einmal zum Objekt journalistischer Themensuche wird, hat über Jahre hinweg nichts mehr zu lachen.

Da der Haushund im Gegensatz zu *homo sapiens* kein Rudelwesen ist (vgl. → Rudel) und sich deshalb nicht ununterbrochen über das Leittierverhalten der Führungsetage informieren muss, genügt ihm die altmodische Wandzeitung. Dieses basisdemokratische Mitteilungsverfahren stützt sich auf olfaktorische Botschaften, die jeder Teilnehmer an ausgesuchten Hausecken lesen und hinterlassen kann. Eine Wandzeitung enthält Kleinanzeigen mit Partnerbörse, Such&Find und Ich-bin-neu-hier, dazu Lokalpolitik, Vermischtes und die Rubrik »Wenn ich dich erwische«. Wie bei einer Litfasssäule wird Schicht um Schicht aufgetragen, bis ein Regenguss die nächste Ausgabe eröffnet. Weil Tiere nicht lügen können (vgl. → Begabung, schauspielerische), heuchelt die Wandzeitung keine Objektivität, sondern knüpft jede Nachricht an das berichterstattende Subjekt. Daher das Haushundsprichwort: Journalist ist einer, der viel frisst und dann an jede Ecke pisst.

Junk-Food

Was dem Menschen sein McDonald's, ist dem Haushund sein Pedigree: Die Zubereitung erschöpft sich im Aufreißen einer bunten Verpackung, innen befinden sich mehr Geschmacks- als Nährstoffe, nach dem Essen ist einem schlecht und zwei Stunden später hat man wieder Hunger. Dank des Kinostreifens »Super Size ME« weiß die Menschheit inzwischen, wie krank man von einem Monat Junk-Food-Zufuhr wird. Der Film unterdrückt die Tatsache, dass ein Monat politisch korrekten Karottenkuchens zu noch verheerenderen Mangelerscheinungen geführt hätte. Dafür bringt er Licht in einen weiteren psychischen Leichenkeller im Selbstverständnis von *homo sapiens:* Was der Mensch begehrt, stigmatisiert er gern als Teufelszeug. Danach macht das Trotzdem-Tun noch viel mehr Spaß, während man gleichzeitig seine Artgenossen mit Vorwürfen und Verboten gängeln kann. Für die gelb-rote Gefahr gilt indes das bewährte Gegenmittel: Mach's gut, aber nicht zu oft. Man glaube einem, der sich quer durch die Futtermittelindustrie gefressen hat.

K

Kant, Immanuel

1724 – 1804, Königsberger Philosoph, den die auf mehrere Hundert Seiten verteilte Formel »Was du nicht willst, das man dir tu, das füg auch keinem andern zu« berühmt gemacht hat. Kants größtes Verdienst liegt jedoch in der Verbreitung der erkenntnistheoretischen Idee, dass selbst der allmächtige *homo sapiens* nur in Abhängigkeit von seinen Sinnen Zugriff auf die Realität erhält, während ihm das Wesen der objektiven Dinge-an-sich verborgen bleibt. Wäre Kant nur einmal mit dem Riechorgan eines Hundes oder den Facettenaugen einer Ameise durch Kaliningrad gelaufen, wäre ihm klar geworden, *wie* Recht er hatte (vgl. →Nase, →Wedeln). Weil aus Kants Weltsicht unter anderem die Überzeugung folgte, »da draußen« gebe es nichts zu sehen, besaß der große Philosoph keinen Haushund, der es ihm hätte sagen können. Trotzdem wird ihm die Hundewelt ewig dankbar dafür sein, das Erkenntnismonopol von *homo sapiens* ins Wanken gebracht zu haben. Nicht, dass jetzt auch Haushunde auf philosophische Lehrstühle berufen würden. Aber es gibt Dinge, die einfach mal gesagt werden mussten.

Katze-im-Allgemeinen

Wer mit → Mädchen kein Glück hat und Intellektualität nicht in allen Lebenslagen als angemessene Haltung empfindet, kann sich eine Katzenobsession zulegen. Das Faszinierende an diesem Mitgeschöpf besteht in seiner Widersprüchlichkeit: Als Fluchttier übertrifft es die gewagtesten Phantasien des Jägers, als Duellant ist es der reinste Alptraum. Die Katze-im-Allgemeinen sitzt im Rinnstein und putzt sich possierlich. Wenn der Haushund in Sichtweite gerät, verwandelt sie sich in einen gesträubten Halbkreis, verschwindet unter dem nächsten Auto, vor dem der Haushund platt auf dem Bauch Stellung bezieht, oder rast auf einen Baum, den er bellend umtanzt. Sind weder Baum noch Auto in der Nähe, stellt sich die Katze-im-Allgemeinen auf die Hinterbeine und macht Hackfleisch aus der Hundenase.

Warum flieht, wer im Kampf obsiegt? Die Frage gibt genug her für eine lebenslange Besessenheit und will in immer neuen empirischen Testreihen ergründet werden. Ähnlich wie fremde Mädchen (vgl. → Mädchen, andere) ist die Katze-im-Allgemeinen ein sagenumwobenes Wesen, das die Einbildungskraft des Haushunds zur Höchstform auflaufen lässt und den langweiligsten Stadtspaziergang in einen Thriller verwandeln kann. Im Endstadium der Katzensucht ist das geliebte Wesen überall. Es klebt sogar als schwarzer Schatten hoch an den Wänden halbdunkler Hausflure, wo es sich nach stundenlangem → Warten als Wechselstromzähler vom Typ 10/30 A entpuppt.

Katze-im-Besonderen

Die Katze-im-Besonderen wird vom pflichtbewussten Haushund mithilfe seines vortrefflichen Geruchssinns (→ Nase) auf einer Auslandsreise im Gebüsch aufgefunden. Sie ist 5 Zentimeter lang, wiegt 80 Gramm und vermag, was der Haushund nicht riechen konnte, weder zu flüchten noch zu kämpfen. Überhaupt besitzt sie nur eine einzige Fähigkeit: Sie erzeugt ein herzzerreißendes Piepsen, das fortan Rhythmus und Gestalt des menschlich-hündischen Alltags bestimmt. Nach ein paar Tagen krabbelt sie am Boden herum, und der plumpe Haushund soll gefälligst aufpassen, wo er hintritt mit seinen großen Füßen. Sechs Wochen später beginnt die Katze-im-Besonderen zu spielen, wobei sie Muskeln und Krallen für die Nachtfalterjagd, das Zerfetzen von Sesselpolstern und das Abräumen ganzer Regalbretter trainiert. Der Haushund, der schließlich → Katzen-im-Allgemeinen immer gut fand, braucht sich nicht so anzustellen und kann froh sein, dem kleinen Massenmörder als Trimm-dich-Gerät zu dienen (vgl. → Quote). Wozu hat er schließlich eine zuckende Nase, wackelnde Ohren und einen wedelnden Schwanz?

Das ewige Dilemma der Sehnsucht besteht darin, dass das Unerreichbare in der Erreichbarkeit seinen Reiz verliert. Das einzig Feenhafte an der Katze-im-Besonderen besteht darin, dass sie Wünsche erfüllen kann – und zwar die eigenen. Sie erhält das Futter, von dem der Haushund seit Jahren träumt. Sie darf auf dem Schoß von *homo sapiens* sitzen, wo der Haushund seit seiner zehnten Lebenswoche nichts mehr verloren hat. Sie liegt im Bett, wohin der Haushund nur mit Glück und → Osmose gelangt. All das findet die Katze-im-Besonderen völlig normal. Sie ist nicht nur keine verzauberte Prinzessin, sie ist nicht einmal Demokrat. Sondern ein Diktator im Stofftierkostüm.

Allerdings endet die Macht jedes Despoten an der Grenze seines Reichs. Es ist noch kein Fall bekannt, in dem eine Katze *homo sapiens* ins Kino oder zum Einkaufen begleitet hätte. Wenn sich lebenslange Sehnsucht in Realität verwandelt, bleibt nur eins: Der strenge Glaube an die ausgleichende Gerechtigkeit. Vgl. aber → Restaurant.

Katze, Schrödingers

Wie der Name vermuten lässt, gehörte Schrödingers Katze einem gewissen Schrödinger, Erwin Rudolf Josef Alexander (1887–1961), Nobelpreisträger für Physik, Mitbegründer der → Quantenphysik.

Obwohl → Kant alles darangesetzt hat, der Welt zu erklären, dass die Kategorien von Zeit, Raum und Kausalität weniger der äußeren Wirklichkeit als den menschlichen Vernunftbegriffen anhaften, lässt es dem Menschen keine Ruhe, dass ein Teilchen gleichzeitig an mehreren Orten auftauchen kann, solange man es nicht beobachtet. Um das Problem solcher quantenmechanischen Überlagerungszustände zu veranschaulichen, erdachte Schrödinger eine Versuchsanordnung, in deren Rahmen eine Katze in ein blickdichtes Behältnis gesperrt werden musste. Seine Entscheidung für eine Stahlkammer lässt vermuten, dass es sich um eine → Katze-im-Besonderen handelte. Außer der Katze befand sich in der Kammer eine Apparatur, die innerhalb einer Stunde mit einer Wahrscheinlichkeit von genau 50 Prozent ein Glasfläschchen mit Blausäure zertrümmern würde – oder eben nicht. Weil Schrödinger in die Stahlkammer nicht hineingucken konnte, diagnostizierte er seiner Katze nach Ablauf einer Stunde, sie sei gleichzeitig tot und lebendig. Mit Schrödingers Worten: In der Kammer seien »die lebende und die tote Katze zu gleichen Teilen gemischt oder verschmiert«.

Hätte Schrödinger einen Katzenkenner zu Rate gezogen, wäre ihm die Bedeutungslosigkeit seines Experiments bewusst geworden. Man muss nur eine beliebige Katze dabei beobachten, wie sie auf einem scharfkantigen, achtzig Grad heißen Heizkörper schläft, um zu wissen, dass die Überlagerung von Leben und Tod bei ihr dem Normalzustand entspricht. Abgesehen davon gibt es für den Ausgang von Schrödingers Experiment nur eine Erklärung: Die Katze war bereits tot, als er sie in die Stahlkammer setzte. Für alle anderen Fälle liegen die möglichen Resultate innerhalb eines klar umgrenzten Spektrums:

1. Am Ende des Versuchs definiert Schrödinger die Katze als gleichzeitig tot und lebendig und öffnet die Kammer. Das Blausäurefläschchen ist zerplatzt oder nicht, die Katze jedenfalls nicht mehr da. Falls sie jemand suchen sollte, empfehle ich, unter einem Haufen schmutziger Kleider im Wäschekorb nachzuschauen.

2. Schrödinger öffnet die Kammer. Die Katze hat seine Apparatur zertrümmert, die Blausäure gefressen und liegt in der Ecke und schnurrt.

3. Schrödinger öffnet die Kammer. Der Katze ist es völlig egal, ob das Giftfläschchen zerplatzt ist, denn sie ist stinksauer, weil man sie eingesperrt hat. Sie springt Schrödinger ins Gesicht und definiert ihn als so gut wie tot.

Immerhin erkannte Schrödinger anhand seines Versuchs ganz richtig: Der Übergang zwischen Quantenmechanik und klassischer Physik ist nicht ohne Probleme zu bewältigen. Vorsichtshalber hat er »Schrödingers Katze« immer als bloßes Gedankenexperiment bezeichnet.

Katze, Schrödingers

Kläffen

Pöbelnde stimmliche Äußerung ungezogener Haushunde, die sich hinter gusseisernen Gartentoren, auf Balkons oder an der Leine ihres Menschen allzu sicher fühlen. Das phonetische Erscheinungsbild kann variieren, setzt sich aber im Wesentlichen aus den Lauten »Baff-baff«, »Hau-hau« und »Weg-weg-weg« zusammen.

Solange *homo sapiens* über Bücher gebeugt in seinem Arbeitszimmer sitzt, bestreitet er gern, dass es innerhalb einer Gesellschaft unüberbrückbare, durch Geburt, Verstand und Bildung begründete Klassenunterschiede gebe. In der Welt des Haushunds lassen sich diese jedoch ohne Mühe studieren. Wenn der mittelgroße, gebildete und weit gereiste Hund in einer dörflichen Gegend spazieren geht, wird er erleben, wie sich zu beiden Seiten der Straße verwahrloste Individuen gegen die Zäune werfen. Dabei veranstalten sie ein ohrenbetäubendes Getöse, das in der Sprache von *homo sapiens* mit den Worten »Hurensohn fickt Fotze vom *fuck* Hurensohn« wiederzugeben wäre. Der Haushund schreitet in wahlweise buddhistischer oder stoischer (vgl. → Buddhismus, → Stoizismus) Ruhe an den Reihen krakeelender Tölpel entlang, bis ihm der Kragen platzt. Dann klemmt er die Schnauze zwischen zwei Zaunpfähle und macht seinen Beleidigern klar, was von ihnen zu halten sei. *Homo sapiens*, der den Klassenkampf aus historischen Gründen ablehnt, wird böse auf seinen Haushund und beginnt ebenfalls zu schreien. Die Kläffer, vom anwachsenden Lärm inspiriert, steigern ihren Spektakel, Fenster und Türen der angrenzenden Häuser öffnen sich, und eine Masse von Menschen brüllt ihren Unmut über die Ruhestörung in die einst so friedliche Dorfluft. Sogleich besinnt sich der Haushund auf seinen → Eid und wirft zur Verteidigung seines *homo sapiens* ein paar Mülltonnen um, die ihm und dem Menschen als Barrikade dienen sollen. Die Erwiderungen sämtlicher Beteiligter gehen im Sirenengeheul ankommender Polizeiautos unter...

Wer schreit, hat Unrecht. Kläffer müssen unter allen Umständen schweigend ignoriert werden. Auch wenn das schwer ist. Sie sind einfach verdammt dumm – und dabei so schrecklich laut.

Knochen

Siehe → Magknochen.

Kofferraum

Der Begriff erklärt sich von selbst: Raum im → Auto, der zur Aufbewahrung von Koffern dient. Zum Transport von Hunden völlig ungeeignet.

Köter

1. Norddeutsch für: Besitzer eines kleinen Bauernhauses (gebräuchlich seit dem 16. Jahrhundert).

2. Abwertende Bezeichnung für den Haushund, häufig als »blöder Köter« oder »räudiger Köter«. Die Verwendung derart minderwertigen Sprachmaterials fällt auf den Umlautfetischisten selbst zurück, so dass der auf diese Weise Angesprochene die Äußerung getrost überhören darf.

Kraft, Körper

»Es kommt auf die inneren Werte an«, meint der schmächtige
→ Intellektuelle, während im Hintergrund ein Boxkampf
über die Mattscheibe flimmert. Wie viele andere Dinge auch,
hält *homo sapiens* die Befreiung vom Recht des Stärkeren für
eine menschliche Errungenschaft. Wer einmal mit ansehen
konnte, wie sich ein zweijähriger Bernhardiner platt auf den
Boden drückt, um unterwürfig zu einem fünfjährigen Dackel
aufzusehen, gewinnt eine neue Perspektive auf die Bedeutung körperlicher Kraft im sogenannten Naturzustand. Ein
nicht unerheblicher Teil aller Haushunde ist seinem jeweiligen Menschen in physischer Hinsicht überlegen und hat
trotzdem nie beschlossen, sich am Kühlschrank ein Lachs-
brötchen zu belegen, während *homo sapiens* vor einer leeren
Schüssel wartet. Im Hierarchieverständnis des Haushunds
spielen Muskelprotzereien eine untergeordnete Rolle. Er
akzeptiert seinen Vorgesetzten aufgrund von Lebensalter,
regelmäßigem Einkommen, Intelligenz oder Speisekammer-
schlüsselbesitz. Dabei ist ihm die Erfahrung nicht fremd, dass
ein distinguiertes Ordnungsmodell vor unbelehrbaren Proleten versagen kann (vgl. → Kläffen, → Wiese, Hunde). Trifft
er unverhofft auf Nero die Dogge oder Hannibal den Riesenrottweiler, tut der Haushund deshalb, was *homo sapiens* an
seiner Stelle nicht anders machen würde (vgl. → Hunde,
große): Er nimmt die Beine unter den Arm. Und erzählt hinterher seinen Freunden, es komme auf die inneren Werte an.

Kraft des Faktischen, normative

Normativ: wie man's gern hätte, faktisch: wie es schon ist. Ein kluger Jurist hat herausgefunden, dass Recht ursprünglich nichts als faktische Übung war. Dieser Zusammenhang ist für den Haushund von unschätzbarer Bedeutung. Obwohl die Legislative eindeutig in menschlicher Hand liegt (vgl. → Hausordnung, → Regeln), kann die Machterlangung über das Faktische dem Rechtsunterworfenen eine quasi-souveräne Position im Zusammenleben mit *homo sapiens* verschaffen. Sind drei Spaziergänge am Tag erst einmal zur Gewohnheit geworden, stellt die Unterschlagung eines Spaziergangs einen Rechtsverstoß dar, für den der Haushund Streicheleinheiten, Kauspielzeug und ausgedehnte Wanderung am Wochenende als Schadensersatz verlangen kann. Hat man lange genug auf dem Sofa geschlafen, liegt dort eines Tages eine Hundedecke (vgl. → Decke, Hunde). Begleitet der Hund seinen Menschen regelmäßig in die Kneipe, muss abweichendes Verhalten schlüssig begründet und durch weitere Entschädigungsleistungen ausgeglichen werden. Ihr versteht, was ich meine.

Allerdings bewegt sich der Haushund beim Umgang mit dem Faktischen im Einflussbereich anderer normativer Kräfte (vgl. → Erziehung, → Religion) und muss deshalb mit aller gebotenen Vorsicht zu Werke gehen. Wenn *homo sapiens* nach wiederholtem Versuch, den Zehnten an einer frisch zubereiteten Kartoffelsuppe einzufordern, immer noch eine Zeitung zum Schlagwerkzeug zusammenrollt, sollte der Haushund erkennen: »Der ist / Positivist« – und vom Einwirken auf das Faktische vorerst Abstand nehmen. Alles, sogar ein Prinzip der Rechtssoziologie, findet seine Grenze. Sowohl im Normativen als auch im Faktischen.

Krieg

Krieg kommt von »kriegen«. Dementsprechend wird er von *homo sapiens* immer dann angestrengt, wenn er etwas haben will, das ihm nicht gehört und das er kampflos auch nicht bekommen würde. Die rhetorische Einkleidung variiert je nach Epoche und politischer Lage, wobei sich die begriffliche Reichweite von »Befreiungskampf« über »Heimatkrieg«, »chirurgischer Eingriff«, »peace-keeping-operation« und »Nothilfe« bis zur »präventiven Selbstverteidigung« erstreckt. Der Sache nach bestehen wenig Unterschiede: Am Schluss kriegt im Krieg der Sieger, was er von Anfang an wollte.

Der Haushund ist nicht staatlich organisiert und von Natur aus Pazifist. Nicht zu bekommen, was er will, stellt für ihn die Normalnull-Linie dar. Bescheidene Siege erringt er durch → Betteln, Sammeln (vgl. → Aas) oder, in Extremsituationen, durch Kleinkriminalität (vgl. → Diät). Dabei verzichtet er auf Legitimationsanstrengungen und bezeichnet gezielte Überfälle auf die Roastbeef-Platte am kalten Büffet nicht als humanitäre Intervention, sondern bestenfalls als Mundraub. Diese ehrliche Haltung wird von *homo sapiens*, der seit Jahrzehnten bemüht ist, Krieg als Mittel der Politik zu ächten und deshalb Kriege zur Vermeidung von Kriegen führt, nicht im Geringsten gewürdigt. Als sprachversessenes Wesen gibt der Mensch den Dingen erst einmal einen neuen Namen und wundert sich hinterher, wenn alles beim Alten geblieben ist.

Ein höflicher Haushund deckt die Selbstbetrügereien seines *homo sapiens* nicht auf. Wegen des Diebstahls eines Wurstzipfels als Bösewicht gescholten, ruft er nicht aus: »Und was war mit dem Platz an der Sonne?«, sondern klappt die Ohren herunter, zieht den Schwanz ein und hält die andere Wange hin, wie sein Glaube es von ihm verlangt (→ vgl. Religion). Denn irgendwo steht geschrieben: Duldsam und mitleidsvoll sollet ihr mit ansehen, wie die selbst ernannte Krone der Schöpfung unablässig versucht, in Sachen Zivilisation eine Kehrtwende hinzulegen. Stehet treu an ihrer Seite und wünschet ihr wie immer viel Glück.

Kuchen, Hunde

Zur Kategorie des Hundekuchens gehören neben Apfeltaschen, Windbeuteln, Pflaumenkuchen, Quarkschnitten und Mohnschnecken auch die bekannte Schwarzwälder Kirschtorte sowie alle anderen Arten von zucker- und sahnehaltigen Teigstücken. Wenn jemand etwas anderes erzählt – einfach nicht zuhören.

Kupieren

Amputation von Haushund-Körperteilen, die *homo sapiens* überflüssig findet und deshalb kurz nach der Geburt abschneidet. Offensichtlich glaubt der Mensch, der Hundeschwanz sei ein herausgewachsenes Blinddarm-Ende und die Ohren aus dem Kopf gequollene Mandeln oder Polypen.

Kyniker

Später mit veränderter Bedeutung: Zyniker.[5] Anhänger einer antiken Philosophenschule, die Bedürfnislosigkeit und Selbst-

---

5 Ein ausführlicher Versuch, Kynismus und Zynismus als Antagonismen urbar zu machen, findet sich bei Peter Sloterdijk, Kritik der zynischen Vernunft, Frankfurt a. M., 1983.

genügsamkeit forderte. Der Kyniker steht zu seinem schäbigen Äußeren, verachtet Bequemlichkeit und Anstand, schätzt ein naturgemäßes Leben und hält Ehe, staatliche Gemeinschaft, Erwerb und Ruhm für zweitrangig. Außerdem lehnt er jede Form von Schamhaftigkeit ab und steht den Lehren der Stoa nahe (vgl. → Stoizismus). Man sagt, dass sowohl Haushunde als auch ihre → Besitzer dieser Lehre anhängen. Wer dieses Buch bis hierhin gelesen hat, ahnt vermutlich, warum. Vgl. auch → Kynologe.

Kynologe

Hundekenner. *Kynos,* griechisch: der Hund, *Kynismos,* griechisch: die Bissigkeit (vgl. → Kyniker). Manchmal sagt Etymologie mehr als tausend Worte. Jedenfalls erklärt sie den Kitt, der Herr und Hund seit unvordenklichen Zeiten zusammenhält.

L

Lachen

Wenn Haushunde lachen könnten, kämen sie in ihrer Funktion als ständige Begleiter von *homo sapiens* den ganzen Tag nicht mehr aus demselben heraus. Deshalb hat die pragmatisch veranlagte Evolution entschieden, uns diese Fähigkeit vorzuenthalten. Ein Haushund, der die Mundwinkel hochzieht und die Zunge heraushängen lässt, lacht nicht etwa, sondern schwitzt. Ruft ein Mensch bei diesem Anblick begeistert aus: »Sieh nur, wie der sich freut!«, könnte man das Lachen aus Versehen fast noch erlernen. Es ist zu komisch: Wohin *homo sapiens* auch schaut – immer blickt er in einen Spiegel. Und meint, das sei ein Fenster zur Welt.

Laufen

Laufen ist genauso schön wie Singen und Tanzen. Weil der Haushund weder singen noch tanzen kann, läuft er so oft wie möglich, wenn man ihn lässt. Hiermit ist die Frage beantwortet, warum der gleiche öde Spaziergang auf der gleichen öden Route auch beim eintausenddreihundertsiebenundvierzigsten Mal noch Glücksgefühle in ihm auslöst. Im Verlauf eines durchschnittlichen Hundelebens umrundet *homo sapiens* an der Seite seines Haustiers zu Fuß die Erde. Wir wollen hoffen, dass Hamsterräder in Haushundgröße auch in Zukunft das Fassungsvermögen einer durchschnittlichen Stadtwohnung übersteigen werden. Den Zuruf »Schneller, Hund, der Fernseher flackert!« will kein intellektuell veranlagtes Wesen jemals vernehmen müssen. Das Geheimnis des Glücks liegt im Fehlen von Zwecken, und das nicht nur bei Sonnenschein. *Homo sapiens* soll froh sein, dass sein Haushund ihn dreimal täglich daran erinnert.

Lebensraum

Wie der → Kofferraum zur Aufbewahrung von Koffern dient, braucht man Lebensraum zur Aufbewahrung eines Lebens.

Der Hundefreund (vgl. → Freund, Hunde) setzt dem Hundebesitzer (vgl. → Besitzer, Hunde) gern auseinander, dass er bereit wäre, ein Königreich für einen eigenen Haushund zu geben, wenn ihm nur ein solches, sprich: die geeigneten Bedingungen für eine artgerechte Haltung, zur Verfügung stünde. Darunter versteht der Hundefreund eine 300-Quadratmeter-Wohnung mit angeschlossener Gartenanlage sowie Dachterrasse, Schwimmbad, Gärtner und Putzfrau. Jeder Hundekenner weiß jedoch, dass ein Lebensraum ähnlich wie der Kofferraum für Haushunde völlig ungeeignet ist. Anders gesagt: Der Lebensraum des Hundes ist mit seiner körpereigenen Grundfläche identisch. Umliegende Zusatzzentimeter sind überflüssig und deshalb zu vermeiden. Am liebsten hält sich der Haushund an Orten auf, in die er eben so hineinpasst: unter dem Schreibtisch, zwischen den Beinen eines Küchenstuhls, im schmalen Durchgang zwischen Sofa

Lebensraum

und Couchtisch. Mit dieser netten Geste will er dem Menschen zeigen, dass Beinfreiheit nicht alles ist und dass ein Haushund jederzeit bereit wäre, noch die kleinste Hütte mit seinem *homo sapiens* zu teilen. Abgesehen davon denkt der Mensch nie so intensiv an den Hund wie in dem Moment, da er über ihn stolpert. Bevor er den Haushund schimpfend aus seinem nicht vorhandenen Lebensraum vertreibt, sollte *homo sapiens* darüber nachdenken, dass Hunde jedenfalls nicht in alle Himmelsrichtungen marschieren, um sich einen solchen zu sichern. Ein historisches Gewissen war schon immer die beste Voraussetzung für friedliches Zusammenleben mit einem Mitgeschöpf, mag es auch gerade im Winkel zwischen Küchentisch und Kühlschranktür liegen.

Leine

Simpler, in Fachgeschäften zu überteuerten Preisen erhältlicher Kunststoff- oder Lederstrick, den *homo sapiens* am Hals seines Haushunds befestigt, um sich von ihm durch die Welt führen zu lassen.

Leinenzwang

1. Modisches Dogma, das von *homo sapiens* verlangt, auf das Ansteigen der Außentemperatur mit dem Tragen knitteranfälliger, dafür äußerst naturverbundener Stoffe zu reagieren.

2. Staatliches Instrument der Gefahrenabwehr. Seit die Kindersterblichkeit zurückgedrängt und ein Großteil der westlichen Menschheit alphabetisiert wurde, seit die Pest ausgestorben ist, Weltkriege auf dem Index stehen und Kranke, Schwache, Witwen und Waisen zu einem logistischen Prob-

lem für politische Verantwortungsträger geworden sind, hat die deutsche Menschheit endlich Muße, sich den wahren Bedrohungen ihrer alltäglichen Sicherheit zu widmen. Dabei ist zu differenzieren: Zwar sind Autofahren und Hausarbeit rund zwanzigtausend Mal gefährlicher als jeder Haushundspaziergang, nur kann man beides schlecht verbieten. Deshalb sucht die Menschheit den Schlüssel zur ihr vermeintlich abhanden gekommenen Sicherheit nicht da, wo sie ihn verloren hat, sondern dort, wo am meisten Licht ist (vgl. → Office for Dogs, → Ordnungsamt, Beamter des, → Polizei).

Eine effektive Anwendung des Leinenzwangs verlangt flächendeckende Durchsetzung. Insbesondere auf weitläufigen Wald- und Wiesenflächen, in Parks und anderen Freizeitgebieten pflegen Mensch und Hund unangeschnallt herumzurennen, was durch den Erlass einer Polizeiverordnung und das Ausschicken von Beamten in Jeeps zwar nicht unterbunden, dafür aber bei einer Festsetzung des Bußgelds auf 120 Euro in klingende Münze verwandelt werden kann. Mit diesem Geld kann man wiederum jede Menge neuer Verbotsschilder aufstellen, die von Mengen neuer Beamter gewinnbringend vollstreckt werden. Auf Wachstum angelegte Kreisläufe sind in einer freiheitlich-marktwirtschaftlichen Gesellschaft außerordentlich wichtig. Herr und Hund, die über keine einflussreiche Lobby verfügen, sollten wahrscheinlich noch dankbar sein, an einem solchen teilnehmen zu dürfen.

Liebe, wahre

Homo sapiens erlebt die Liebe meist als Kampf, bei dem er mit einem oder mehreren Gegnern um etwas ringt, das keiner von ihnen besitzt. Weil er als strebendes Wesen aber einen sinnstiftenden → Fluchtpunkt braucht, hat der Mensch die wahre Liebe erfunden. Sie ist uneigennützig und bedingungslos, nicht von Abhängigkeiten geprägt und mehr auf Geben denn auf Nehmen gerichtet. Ihr oberster Wahlspruch lautet: Was du liebst, musst du loslassen. Ihr Nachteil ist, dass sie im echten Leben so gut wie nie vorkommt.

Nach dieser Definition ist ein Haushund zu wahrer Liebe absolut unfähig. Sein *homo sapiens* ist ihm schlichtweg alles – Ernährer, Freund, Heimat, Vorgesetzter, Gott und Lebensinhalt –, und er kommt im Traum nicht auf die Idee, etwas loszulassen, das er auf keinen Fall verlieren will. Den Bodensatz jeder Hundeseele bildet das folgende Horrorszenario:

Draußen, kalt, Nacht. Mensch und Hund im → Auto. Während Letzterer friedlich auf der Rückbank döst, schwenkt Ersterer plötzlich in einen Parkplatz ein. Aha, Pinkelpause, denkt der Hund. Ehe er sich's versieht, wird er aus dem Wagen gestoßen. Der Motor heult auf. *Homo sapiens* verschwindet für immer in der Dunkelheit.

Der Hund liebt seinen Menschen mit der ganzen Kraft dieser Angst. Er folgt ihm, überwacht ihn, verteidigt ihn, himmelt ihn an und ruft ihm die Existenz seines freundlichen Haustiers alle drei Minuten mit einem Nasenstups in Erinnerung. Selbstverständlich ist er bereit, sein Leben für jemanden zu lassen, ohne den es ohnehin kein solches geben könnte. Der Haushund schätzt sklavische Abhängigkeit als die stärkste aller Bindungen und selbstsüchtige Liebe als das mächtigste Gefühl. Auf diese Weise ist sein Herz groß genug, um für zwei zu reichen. Selbst der dämlichste, hässlichste, unfähigste Haushund wird von seinem Menschen wiedergeliebt – und das gibt ihm irgendwie Recht.

Auf der Suche nach dem Wahren landet *homo sapiens* nicht selten bei der Heuchelei. Sinnlos zu hoffen, er möge sich von der Offenherzigkeit seines Haushunds in Sachen Liebe eine Scheibe abschneiden. Es wäre schon viel gewonnen, wenn die

Menschheit das bloße Vorhandensein solcher Gefühle auf ihrem Planeten zur Kenntnis nehmen wollte. Aus dem einfachen Grund, dass es ihr gut tun würde.

Lob

Homo sapiens ist ein Wesen, von dem man gelobt werden will. Alles, was ein Mensch für Geld tut, macht sein prämaterialistisches Haustier für ein bisschen Anerkennung, während ihn die Aussicht auf einen Euro niemals dazu verleiten würde, ein → Stöckchen zurückzubringen oder sich an der Bordsteinkante hinzusetzen. *Homo sapiens* selbst pflegt als beginnender Postmaterialist die heimliche Überzeugung, dass nur eine Handlung, die nicht auf pekuniären Gegenwert gerichtet ist, etwas Großes und Schönes darstellen könne. Aus dieser Sicht kommt Pfötchengeben ein höherer moralischer Wert zu als der Führung eines Autokonzerns. Anders gesagt: Was der Haushund für das Lob des Menschen tut, muss entweder Kunst sein oder eine karitative Maßnahme.

Die Wahrheit ist, dass auch *homo sapiens* im Leben nichts weiter will als ein paar Streicheleinheiten von einem höher stehenden Wesen, gleichgültig, ob er das Höherstehende Vater, Chef oder mediale Öffentlichkeit und die Streicheleinheit Einkommen, Taschengeld oder Pendlerpauschale nennt. Solange das aber niemand wahrhaben will, spielt der Haushund gern den heiligen Prototypus eines um Gotteslohn schuftenden Wesens. Und lässt sich als solches ausgiebig loben.

Lorenz, Konrad

1903–1989, Zoologe, Verhaltensforscher und Nobelpreisträger. Hat entdeckt, dass Gänse demjenigen nachlaufen, der sie zuvor ausgiebig gefüttert hat. Alles, was Lorenz durch seine umfangreiche Forschungstätigkeit herausfand, hätte ihm ein durchschnittlich begabter Haushund im Rahmen eines kurzen Interviews erläutern können. Da wir nie gefragt wurden, sind wir einem Mann zu Dank verpflichtet, der *homo sapiens* vor Augen führte, dass er auch nicht anders funktioniert als seine tierischen Verwandten. In diesem Sinn versteht sich das vorliegende Konversationslexikon nicht nur als Welterklärungsfibel, sondern auch als bescheidene Ergänzung zum Lorenz'schen Lebenswerk. Danke, Konny! Ohne dich hätten sie es vielleicht niemals begriffen.

Mädchen, andere

Mystische Wesen, die, von Wohlgerüchen umweht, auf der Hundewiese herumschwänzeln (siehe → Wiese, Hunde). Da man niemals nah genug an sie herankommt, um zu erfahren, dass sie Püppi, Lola oder Turandot heißen, nenne ich sie alle nach Dantes unerreichbarer Geliebten: Beatrice. Meistens wird Beatrice von einem Rudel plumper Kraftprotze umlagert, deren abschreckende Gegenwart das Drängen einer unstillbaren Sehnsucht vollständig unterdrückt. Zufällig einmal allein angetroffen, reagiert Beatrice entweder schon auf höfliches Hinternschnuppern mit kläffender Zickigkeit, oder sie ist in derart huldvoller Stimmung, dass ihr → Besitzer den ehrerbietigen Haushund mit Flüchen und Tritten verjagt. Wer weder eine reinrassige Ahnentafel vorweisen kann noch ein krimineller Vergewaltiger ist, kommt bei Beatrice nicht zum Zug, weshalb sich der kluge Haushund schon in seiner Jugend für die Intellektualität entschieden hat (vgl. → Intellektuelle). Auch *homo sapiens* kennt das Problem. Andernfalls wären die »Göttliche Komödie« und viele andere Werke der Weltliteratur nicht geschrieben worden. Was ja auch irgendwie schade wäre.

Mädchen, eigenes

Das eigene Mädchen heißt nicht Beatrice, sondern Olga. Anders als Beatrice riecht Olga nach gar nichts, außer wenn sie bei der Begrüßung von *homo sapiens* aus Glückseligkeitsinkontinenz auf die Türschwelle pinkelt. Diese flüchtige Attraktion hat Sippenhaft mit halbstündigem Liebesentzug von Seiten des gemeinsamen Menschen zur Folge. Schon daran lässt sich die Ambivalenz der Haushundgefühle gegenüber dem eigenen Mädchen ermessen. Olga ist hübsch, dabei jedoch so schlank, dass ihr → Napf immer voller ist als der des Haushunds. Wenn sie frisst, dann möglichst langsam, weil sie es genießt, von einem Paar herausquellender Augen begehrlich angesehen zu werden. Draußen flirtet sie mit dem Pöbel (siehe → Quote), stört anschließend den pazifistischen Haushund bei seiner demonstrativen Gräserkunde und beißt ihn vor Wut in die Ohren, weil er sich nicht um sie schlagen will. Olga nimmt Platz weg auf der Rückbank des → Autos, wird wegen ihrer blonden Haare auf Partys als erste begrüßt, verwechselt den Gastgeber mit einem Attentäter, den sie bellend in die Flucht schlägt, und springt anschließend mit allen vieren aufs Büffet. Da es unbillige Härte wäre, sie zur Strafe allein vor der Tür warten zu lassen, darf ihr der Haushund dabei Gesellschaft leisten. Olga, könnte man meinen, sei ein Fluch der Götter. Aber sie ist meine Freundin und ich liebe sie. Vgl. hierzu → Altersdemenz, → Rinderwahnsinn, → Masochismus und noch viele andere Begriffe, die sicherheitshalber gar nicht erst abgehandelt wurden.

Magknochen

Der Hund mag Knochen. Am liebsten solche mit einem großen Loch in der Mitte, aus dem man in minutiöser Kleinarbeit eine wohlschmeckende weiße Masse herausschlecken kann. Als offizielle Bezeichnung ist »Mark-Knochen« gebräuchlich, was daran erinnern soll, dass selbst ein Stück Rindersperrmüll an der Fleischtheke eine Mark kosten kann. Weil »Euro-Knochen« nicht besonders gut klingt, empfiehlt sich »Marc-Knochen« als neue Schreibweise in Anlehnung an einen Ausspruch des Marc Aurel: »Betrachte dich als einen, der im Begriff ist zu sterben, verachte dieses: Fleisch, Blut, Knochen.«[6] Trotz der Vergänglichkeitsgefühle, die *homo sapiens* und seinen Haushund beim Anblick der ausgeblichenen Gebeine auf dem Wohnzimmerteppich befallen, sollten sie das Wort des römischen Kaisers nicht allzu ernst nehmen. Der Magknochen ist ein unverzichtbares Instrument des alltäglichen Zusammenlebens. Dem Hund dient er zur Kräftigung des Gebisses, dem Menschen zum ungestörten Lesen eines Buchs. Bis der Hund kommt und als Schutzgeld den nächsten Knochen verlangt.

Mahlzeit

1. Grußwort, das vor allem der rheinische *homo sapiens* zwischen zehn und fünfzehn Uhr ausruft, sobald er eines Artgenossen ansichtig wird. Nach fünfzehn Uhr heißt es: Feierabend! Sympathisches Völkchen.

2. Die deutsche Übersetzung von »da capo al fine«. Leider

---

6 Marc Aurel, Selbstbetrachtungen, Stuttgart, 2001.

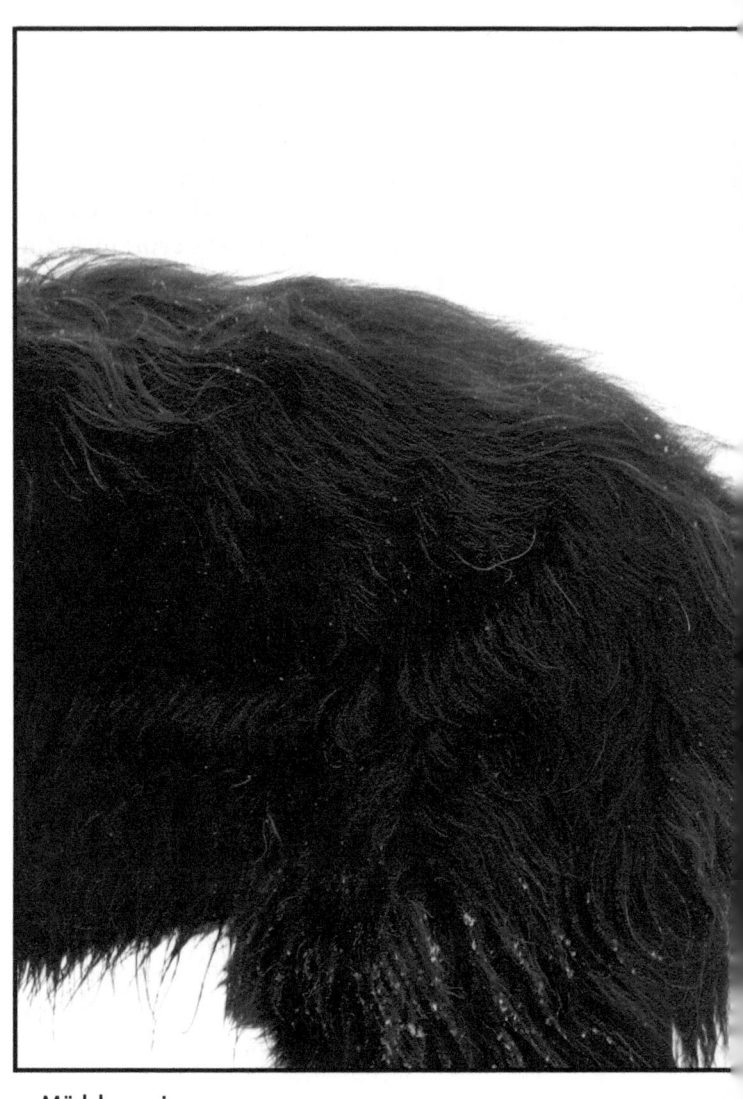

Mädchen, eigenes

ist *homo sapiens* der italienischen Sprache anscheinend nicht mächtig, weshalb er nach jeder Mahlzeit daran erinnert werden muss, dass die Schüssel leer und der Hund noch nicht voll ist.

Marder

Kleines Raubtier, das sich von Bremsleitungen ernährt und Stepptänze auf Dachböden veranstaltet. Legt der Haushund beim Abendspaziergang einen kiesspritzenden Kavalierstart hin, um einem dunkel Enthuschenden nachzueilen, bezieht er im Normalfall eine Menge Ärger, besonders, wenn zwischen Haushund und Enthuschendem eine befahrene Straße liegt. War es jedoch ein salamiförmiger Schatten, der unter einem Auto hervor ins nächste Gebüsch geflohen ist, erhält der Haushund an Ort und Stelle das goldene Jagdabzeichen. Hier offenbart sich wieder einmal die Unfähigkeit zur Unparteilichkeit, mit der *homo sapiens* sich selbst und die Welt fortwährend ins Verderben stürzt.

Materialismus

Philosophische Grundrichtung, die von einer mechanischen Erklärbarkeit der Welt ausgeht. Der Durchschnitts-*homo-sapiens* versteht unter Materialismus jedoch eine Geisteshaltung, die materiellen Gütern den höchsten Stellenwert im menschlichen Leben einräumt. Solcherlei Ideen sind dem Haushund wesensfremd (vgl. → Besitz, → Lob). Als wert- und zweckfreie Lebensform repräsentiert der Hund sogar ein perfektes Trainingsprogramm zur Bewältigung der lang erwarteten schlechten Zeiten. So wie Nikotinpflaster den

Raucher beim Entzug unterstützen, hilft ein Haushund seinem *homo sapiens* bei der Überwindung seiner veralteten Wirtschaftswunder-Konsumsucht. Hierfür klebt sich der postmaterialistische Mensch *in spe* seinen Hund nicht auf die Haut, sondern geht ins → Tierheim, um sich erst mal einen zuzulegen. Schon beim Abschreiten der Käfige treffen ihn Blicke aus zwanzig braunen Augenpaaren, die noch die strammste materialistische Grundhaltung ins Wanken bringen können. Aus allen Ecken raunt es stumm: Ob Luxusbude, ob WG / nur Einsamkeit tut richtig weh. Diese Worte trägt der bereits halb kurierte *homo sapiens* mit nach Hause, und wenn er noch eine Hand frei hat, nimmt er gleich einen Haushund mit, der die Designercouch ruiniert, das Parkett zerkratzt, den Audi TT voll kotzt und den Menschen endgültig fit macht für die Rezession. So ist allen geholfen.

Mendel, Gregor Johann

1822–1884, Sohn eines Kleinbauern, Hobby-Schrebergärtner, kein Nobelpreisträger. Fiel durch die Lehramtsprüfung und entschied sich aus finanziellen Gründen für die Mönchskarriere. Nach diesem breit angelegten Fehlstart entwickelte er eine Vererbungslehre, die wissenschaftlich erklären soll, warum Typen wie ich so aussehen, wie sie aussehen. Bei eindeutig rezessiver Anmut werde ich von einer dominanten schwarzen Nase und Spreizfüßen bestimmt, und dabei kann ich vermutlich froh sein, dass keine weiß blühende Gartenerbse aus mir geworden ist. Glücklicherweise bleibt ausgemendelten Phänotypen wie mir die Laufbahn des Dichters und Philosophen. Als solcher kann ich glaubwürdig versichern, dass die Bedeutung der Vererbung im Allgemeinen überschätzt wird. Zwar ist es noch keinem → Intellektuellen gelungen, seine Spreizfüße wegzuphilosophieren. Dafür weiß er, warum es im Leben auf die inneren Werte ankommt, und damit ist nicht die genotypische Verteilung von Chromosomenmerkmalen gemeint (vgl. → Kraft, Körper). Kurz gesagt: Lieber Händel als Mendel. Siehe dazu auch → Zucht.

Mops, Ottos

Ottos Mops ist ein armes Ding. Er trotzt, hopst und kotzt, nur damit die deutsche Sprache, in wElchEr VErbEn EntsprEchEnd dEm bEmErkEnswErtEn ExEmpEl »ErdbEErfEldErErntEn« EhEr sEltEn vErwEndEt wErdEn, ihre versteckte Neigung zur Vokalharmonie offenbaren kann. Da das laut gebrauchte Vokabular des klugen Haushunds auf die Wendungen »Wuu-wu-wu-wuuu«, »Fiep-Fiiiep« und »Jatz, hach, hach, jatz« beschränkt ist, hat er für derlei Bestrebungen größtes Verständnis, weshalb auch Willis Spitz pisst, Annas Bastard kackt und Herberts Berger gerne Werner ärgert, wenn es der Onomatopöie zugute kommt. Aus einem Grund, den ich rational nicht erklären kann, würde ich mich auf Anfrage trotzdem lieber dafür entscheiden, der Rasse der vokalunharmonischen Neufundländer anzugehören oder zur Not ganz auf → Vokale zu verzichten. Mschlngshnd, Mschlngshnd, grrrrrrr.

N

Nahrungskette

Beziehungen zwischen Organismen nach dem Prinzip von Fressen und Gefressenwerden. Während *homo sapiens* sein gesamtes Leben in diesem Sinne organisiert, interessiert sich der Haushund vor allem für Kulinarisches. Vor seinen Füßen spannt sich die Nahrungskette wie ein Stolperstrick. Man betrachte die folgenden Kombinationen unter dem Gesichtspunkt »am Ketten-Ende steht immer der Chef«:

Alge – Protisten – Kalmar – Seehund – Orca – Mensch.

Pflanze – Engerling – Raubinsekt – Vogel – Mensch.

Plankton – Hering – Kabeljau – Seehund – Eisbär – Mensch.

In diesen und vielen weiteren Beispielsfällen glänzt der Haushund durch Abwesenheit. Seine spezifische Nahrungskette ist von anderer Struktur:

Fleischabfälle – Wegwerferbsen – Pappflocken – Konserve – Supermarkt – Kühlschrank – *homo sapiens* – bittebitte – du hattest erst grade was – raus aus der Küche – → pfui!

Vor der Teilnahme an einer zivilisierten Gesellschaft gilt es immer zu bedenken, dass diese alle Wesen nach der Pfeife von *homo sapiens* tanzen lässt. Eintrittskarte für einen illustren Platz in der modernen Nahrungskette ist die Versicherung, über keine natürlichen Feinde mehr zu verfügen. Wer kein Amt als Haus-, Nutz-, Mast- oder Luxustier übernehmen will, wird von *homo sapiens* zum Parasiten, Krankheitsträger oder Raubmörder erklärt und weder gegessen noch gefüttert, sondern zweckfrei vernichtet. Weil der Haushund zum ernsthaften Jagen viel zu faul ist und den Kampf aller gegen alle verabscheut, hat er sich frühzeitig gegen ein Leben in freier Wildbahn entschieden (vgl. → Natur). Erst vor diesem Hintergrund wird der häufig fehlübersetzte Leitspruch eines französischen Aufklärers verständlich: Der Hund, frei geboren, liegt überall in Nahrungsketten. Beim Ertragen des Dilemmas hilft die → Religion: Was man nicht ändern kann, wird in den Status des Göttlichen erhoben. Siehe auch → Napf.

Namen

Wer glaubt, dass mit → Fiffi, Rex und Stromer die drei verfügbaren Persönlichkeitstypen des Haushunds treffend umschrieben und damit alle Probleme der Namensgebung gelöst seien, hat sich geirrt. Für seine eigenen Babys hat *homo sapiens hierzulandis* die erdrückende Menge möglicher Bezeichnungen eingegrenzt und alle Namen verboten, die ihren Träger der Lächerlichkeit preisgeben könnten. Dabei gelten grundsätzlich solche Begriffe als lächerlich, die schon vor ihrer Anwendung auf *homo sapiens* in der eigenen Sprache eine Bedeutung besaßen. So können Menschensohn und Menschentochter »Abaddon« und »Abella« heißen, nicht aber »Zerstörung« oder »Kind«. Ein Haushund hingegen schreit förmlich nach zusätzlicher Bedeutung. Seine Namenlisten empfehlen auf den ersten Plätzen »A capella«, »Abrakadabra« und »Absinth«. Einer Stefanie oder einem Thomas auf vier Beinen begegnet man eher selten.

Verlangt ein Tier nach Gewichtung, während der sich-selbst-meinende Mensch nur eine verkappte Hausnummer braucht? Oder besteht beim Menschen Verwechslungsgefahr mit dem bezeichneten Gegenstand, während ein Haushund zweifelsfrei immer Haushund bleibt? – Das fragt einer, der schwarze Haare hat, zur Eifersucht neigt und auf → Othello hört. Und sich im Gegensatz zu manchem Quasimodo oder Aikido den eigenen Namen wenigstens merken kann.

Napf

Heiliger Gral des Haushunds. Ähnlich wie die alten Kelten lebt der Haushund in einer Alltagssphäre, die nahtlos an eine mystische Gegenwelt grenzt. In diesem zweiten Universum gehen rätselhafte Dinge vor sich, deren Widerhall das Leben des Haushunds von Zeit zu Zeit streift. An wenigen Orten treffen die Grenzen der beiden Reiche aufeinander, die Kreise überschneiden sich, und das Göttliche kommuniziert mit dem einfachen Wesen. Solche Schnittstellen liegen in heiligen Tümpeln oder Wäldern, auf besonderen Bergkuppen und vor allem im Napf. Er ist Sehnsuchtsort, Füllhorn, Garant ewiger Jugend – ein wundertätiger Gegenstand, dessen Kraft nur wenigen Auserwählten zuteil wird. Der Legende nach hat er bereits auf der Abendmahltafel gestanden und später die Ritter der Artusrunde in eine tödliche Suche getrieben. Inzwischen ist er wieder aufgetaucht und steht in der Küche auf dem Boden. Täglich verbringt der religiöse Haushund (vgl. → Religion) einige Stunden in stummer Anbetung vor der geweihten Stätte und wartet darauf, dass *homo sapiens* sich ihm in seinen Gaben offenbaren möge. Wem solche Inbrunst verdächtig erscheint, der sei daran erinnert, dass der Haushund bislang kein Zeitalter der Aufklärung durchlaufen musste und deshalb in Frieden mit seinen Symbolen lebt. Gern lässt er sich als Esoteriker, Okkultist oder New-Age-Anhänger belächeln, solange er nicht losziehen und sich sein Futter selbst verdienen muss. Ehre sei Dagda in der Höhe.

Narkose

Narkose bedeutet »Erstarrung« und bezeichnet den Zustand, in den ein Haushund verfällt, wenn *homo sapiens* auf den Parkplatz des Tierarztes einbiegt. Die Narkose ermöglicht besonders schmerzhafte und vom Patienten anderweitig nicht tolerierte medizinische Prozeduren, allen voran das Betreten einer Arztpraxis. Im vorausberechneten Moment tritt eine Funktionshemmung des zentralen Nervensystems und schließlich Bewusstseinsverlust ein, so dass *homo sapiens* seinen Haushund die Stufen hinauftragen und an den Ohren ins Wartezimmer ziehen muss. Dort kommt es zu einer kurzen Zwischenwachphase, weil Nero die Dogge unter den wartenden Patienten ist und den Haushund zwingt, einen präventiven Selbstverteidigungsschlag durchzuführen. Nach diesem Intermezzo wird im Treppenhaus weitergewartet, wobei darauf zu achten ist, die Atemwege des ohnmächtigen Haushunds zu sichern. Bis zu dem Moment, in dem der Haushund aufgerufen wird, haben sich seine Krallen aufgrund eines *Restless-legs*-Syndroms im Linoleum verhakt und müssen operativ gelöst werden, bevor der Narkotisierte in den Behandlungsraum verbracht werden kann. In diesem Augenblick ist die Ausleitungsphase der Narkose erreicht, so dass der Patient das folgende Geschehen mit wachen Sinnen verfolgen kann. Selbst lebensbedrohliche Eingriffe wie das Ausleuchten der Ohren, Abtasten der Gelenke oder Messen des Körpergewichts auf der Hundewaage werden ohne erneute Narkotisierung durchgeführt. Gewalttätige Notwehrattacken enden jedoch meist in einem Desaster, weshalb sich der kluge Haushund seit frühester Jugend für den Arztbesuch wappnet. Mit den Grundtechniken von Selbsthypnose, autogenem Training und → Yoga sollte jeder vertraut sein. Man kann nie wissen, ob der Spötter in Weiß nicht sogar eine Spritze setzt.

Nase

Riechorgan, mit dessen Hilfe der Haushund sämtliche erkennungsdienstlichen Maßnahmen durchführt, für die *homo sapiens* Fingerabdrücke, Iris-Photographien, Voiceprints und biometrische Gesichtsvermessungen braucht. Ich zum Beispiel besitze eine auffallend große, schwarzlederne Nase, an der mich jedermann schon von weitem erkennen kann. Abgesehen davon verfügt der Haushund im Vergleich zum Menschen über einen zehn Millionen Mal besseren Geruchssinn. Ein derart leistungsstarkes Organ verlangt ähnliches von seinem Träger wie das Lichtschwert vom Jedi-Ritter: außergewöhnliche Beherrschung der Macht und ständiges körperliches Training. So kommt es, dass der normal sterbliche Haushund zwar durch geschlossene Fenster und Türen ein köchelndes Rindfleischragout am anderen Ende des Stadtteils orten kann, dafür aber kopflos hin und her rast, wenn *homo sapiens* ihn mit anfeuernden Rufen (»Such! Such!«) über eine Wiese scheucht, an deren Rand ganz offensichtlich ein Tennisball liegt. Das müsste dem Haushund wahrscheinlich peinlich sein. Ist es aber nicht. Schließlich kann immer auch ein raffinierter Fall von → Understatement vorliegen.

Nase

Natur

Die Natur besteht aus allen belebten und unbelebten, organischen und anorganischen Substanzen und Erscheinungen, die sich standhaft weigern, auf *homo sapiens* zu hören. Da der kultivierte Haushund eine Schwäche für → Gehorsam hat, ist er ebenso degeneriert wie die menschliche Gattung, bei der er lebt. Anders als *homo sapiens* fühlt er sich durch diese Tatsache nicht im Geringsten gestört, denn die Zivilisation ist trocken, warm und sicher, während es in der Natur ständig regnet und das Futter nicht in praktischen Konservendosen angeliefert wird. *Homo sapiens* als alter Liebhaber von paradoxen Verhaltensweisen arbeitet seit Jahrtausenden daran, die Wildnis zu domestizieren, und beginnt nun, da er es fast geschafft hat, über den Verlust des Naturzustandes zu jammern. Er geißelt sich öffentlich als Zerstörer der → Umwelt, fährt im Urlaub mit dem Fahrrad durch die Wüste, anstatt drei Wochen lang Cocktails am Swimmingpool zu trinken, und will mithilfe von Biobauern und Elektrosmog-Paranoia immerfort zurück zur Natur. Ein bereits mehrfach erwähnter, ausgesprochen netter Philosoph des 17. Jahrhunderts beschrieb den Naturzustand als ein Leben in vollkommener Freiheit und Gleichheit. Diese Darstellung scheint *homo sapiens* noch immer in den Ohren zu klingen. Eine andere Ansicht geht davon aus, dass der Mensch des Menschen Wolf und das Leben im Naturzustand kein Spaziergang zum nächsten Reformhaus sei. Hiergegen ließe sich wiederum einwenden, dass die schlimmsten Verbrechen der Geschichte von Staaten und nicht von Einzelwesen begangen wurden – und so fort. Derartige Diskurse über den Naturzustand können wir uns schenken, denn *homo sapiens* hört ohnehin nicht zu. Er setzt sich in seinen Vier-Liter-Jeep und fährt ins Naturschutzgebiet. Dort schaut er sich an, wie das Sonnenlicht schräg durchs löchrige Blätterdach fällt und glückliche Käfer über den Asphaltweg krabbeln, und schimpft auf die Zivilisation. Dabei tätschelt er den Kopf des Haushunds und meint: »Du hast's gut, du bist der Natur noch nicht so entfremdet wie wir.« Woraufhin sich der Haushund am liebsten vor → Lachen in den nächsten Ameisenhaufen schmeißen würde.

Nutztier

Sammelbegriff für Mitgeschöpfe, die nützlich sind. Den gemeinen Haushund betrifft dieser Terminus also nicht direkt. Vgl. → Begleit-, Wach- und Schutzhunde.

Office

1. Frühere Bezeichnung: Büro. Ein linoleumbeklebter Raum, in dem gekrümmte, graugesichtige Gestalten sitzen, durch trübe Fensterscheiben nur schwach erhellt, da die aufgehende Sonne nur selten den Aktenhorizont auf ihren furnierten Schreibtischen übersteigt.

2. Durch die Umbenennung in »Office« hat sich das Büro in einen hellen Glas-und-Stahl-Baukasten verwandelt, in dem Trennwände, Flachbildmonitore, Aktenschränke, Topfpflanzen und glückliche Mitarbeiter nach asiatischen Entspannungsprinzipien yin-und-yang-sicher über die Gesamtfläche verteilt sind. Kürzlich haben US-amerikanische Hochleistungs-Offices zudem die stressmindernde Wirkung von Haustieren entdeckt und diversen Pudeln, Hasen und Pythonschlangen einen festen Platz in der Hierarchie zwischen Mobiliar und Mitarbeiter eingeräumt. Auch für durchgeknallte Börsenbroker symbolisiert ein warmer Hunderücken unter dem Schreibtisch den Boden der Tatsachen. Deshalb erhöht der Officehund den Umsatz-pro-Angestellter um 7.500 Dollar jährlich (wer ein gefräßiges Haustier hat, muss einfach mehr Geld verdienen). Er reduziert Fehl-

tage um 27 Prozent (ein Haushund verwandelt noch das modernste Space-Shuttle-Büro in ein angeschmuddeltes Wohlfühl-Zuhause). Und sorgt nach Meinung fast aller Befragten für produktive Arbeitsatmosphäre (angesichts der legendären Faulheit des Haushunds ist Fleiß eine natürliche Gegenreaktion). Am speziellen »Take Your Dog To Work Day« bekennen sich inzwischen Tausende von Firmen in den USA und Großbritannien zur umsatzsteigernden Wirkung der haarigen Trittbrettfahrer. Erster kapitalistischer Erfahrungssatz: Stimmt erst dein pekuniärer Gegenwert, bist du nicht mehr Gefahrenherd.

Office for Dogs

1. Öffentliche Stelle, bei der man in der Town of Bethlehem eine Monatskarte für den Hundepark erwerben kann.

2. Rechtsbehörde, deren Einrichtung der Genfer International Court of Justice for Animal Rights von der Bundesrepublik verlangt. In einem Urteil vom 7. Mai 2001 wurde festgestellt, dass Deutschland durch die Diskriminierung von Hundebesitzern gegen die Menschenrechte, das Tierschutzgesetz und das EU-Recht auf freien Warenverkehr verstößt. Das Verfahren wurde eingeleitet, nachdem Polizisten im Park auf Hunde geschossen hatten und gewaltsam in eine Wohnung eingedrungen waren, um irgendeinen zahnlosen alten Teufel zu beschlagnahmen. Als besonders gefährlich betrachtet der Gerichtshof die von Otto Schily und der deutschen Presse evozierte Massenhysterie gegenüber Haushunden im öffentlichen Raum, die zwar eine Weile erfolgreich von Parteispendenaffäre und BSE-Skandal abzulenken vermochte, jedoch wie alle Massenhysterien die Neigung zeigt, sich unkontrolliert weiterzuentwickeln.

Wer mehr erfahren will, muss die englische Presse lesen.[7] Weil dem Urteil des Tierschutz-Gerichtshofs kein juristisch bindender Charakter zukommt, haben die deutschen Medien zur Vermeidung von Missverständnissen von der Berichterstattung gänzlich abgesehen. Wahrscheinlich wird deshalb auch nicht darüber gesprochen, dass im angeblich hundeüberbevölkerten Deutschland die Hund-pro-Mensch-Dichte im Vergleich zu 17 anderen Industrienationen an zweitletzter Stelle steht und dass ein Tod durch Blitzschlag laut Unfallstatistik immer noch vier Mal wahrscheinlicher ist als ein lebensbedrohlicher Hundebiss. Zweiter kapitalistischer Erfahrungssatz: Sex sells sometimes, fear sells always. Und für Blitze gibt es keine Maulkörbe, Strafsteuern und Bußgelder.

Omnivor

Der Laie neigt zu der Annahme, Haushunde seien Fleischfresser. Dieser Irrtum wird von der Werbeindustrie befördert, die dem Verbraucher suggerieren will, dass Hundefutter Fleisch enthalte und deshalb durchaus zum Preis von Gänseleberpastete gehandelt werden könne. In Wahrheit ist der Haushund genau wie Huhn, Sumpfschildkröte, Wildschwein und *homo sapiens* ein omnivores Tier. Als die Bibel geschrieben wurde, war er schon seit ein paar Tausend Jahren in der Lage, die Brosamen vom Tisch des Herrn zu fressen (Matthäus 15, Vers 21 bis 28). Durch optimale Anpassung an die Umweltbedingungen kann ein Haushund auch im Vegetarierhaushalt den Abendbrottisch abräumen und alle vorgefundenen Inhaltsstoffe für sich verwerten. Auf die Frage, ob

---

7 Im Internet zum Beispiel auf www.angelfire.com/biz6/dogholocaust/ourdogs10.html, 10.02.05.

Omnivor

der Hund in freier → Natur saftige Waldlichtungen abgeweidet habe oder auf Bäume geklettert sei, um sich ein paar Nüsse zu pflücken, gibt es als Antwort eine treffende Gegenfrage: In welcher freien Natur? Der Haushund lebt schon immer bei *homo sapiens*, gleich ob im Innern oder am Rand der menschlichen Zivilisation. Im zweiten Fall frisst er von öffentlichen Müllkippen, im ersten aus der privaten Restmülltonne. Ernährungsphysiologisch betrachtet ist das der einzige Unterschied. Ravioli in Tomatensauce, Cordon bleu und Pedigree Multi Complete hüpfen nun mal nicht quiekend durchs Unterholz, um sich von irgendeinem Amateurjäger einfangen zu lassen. Wer das alles nicht glaubt, soll nach Griechenland oder Bosnien-Herzegowina fahren und die dortigen Wildhunde fragen, was sie fressen.

Ordnungsamt, Beamter des

Dunkelblau uniformierter *homo sapiens* weiblichen Geschlechts mit rot gefärbten Haaren, der den staatlich geprüften Ordnungs- und Sicherheitswahn in bare Münze verwandelt (vgl. → Leinenzwang). Seit ein unangeleint herumlaufender Haushund bis zu tausend Euro kosten kann, gehen wir nicht mehr spazieren, sondern sind auf der Flucht. Immerhin ist auf diese Weise manch ein hundehaltender *homo sapiens* zum → Jogger oder → Radfahrer geworden, was zum Erhalt der Volksgesundheit beiträgt. Nicht-Hundebesitzer finden das so lange angebracht, bis sie dreißig Sekunden nach Ablaufen des Parkzettels ein Knöllchen unter ihrem Scheibenwischer gefunden haben. Nicht-Autofahrer halten dies wiederum für ganz normal, bis ihnen der solarzellenfreundliche Umbau ihres Daches unter Androhung eines Zwangsgelds in Höhe von zehntausend Euro vom Bauordnungsamt untersagt wurde.

Im Grunde hasst es jeder *homo sapiens*, gegen seinen Willen beschützt zu werden. Aber, wie ein altes Sprichwort sagt: Ordnungsamt muss sein. Es dient nicht nur der fiskalischen, sondern auch der kollektiv-seelischen → Hygiene. Vgl. dazu → Polizei.

Orthographie

Orthographie ist eins der vielen Wörter, von denen seit der Rechtschreibreform niemand mehr weiß, wie man sie schreibt. Nach neuem Rechtschreibrecht stehen zwei Prinzipien zur Auswahl:

1. »Wie man's spricht«, Beispiel: Ketschup. Zur Erklärung ist anzumerken, dass ein Teilnehmer der Kultusministerkonferenz niemals den Satz »Große Fritten mit Kätschapp« über die Lippen bringen würde und im Übrigen auch nicht weiß, dass »Ketchup« im Normalfall »Pommes-rot-abba-pronto-du-Opfer« gesprochen wird.

2. »Wie's am schönsten aussieht«. Ästhetisches Konzept: Buchstabenmasse statt Fremdsprachenklasse. Beispiele: Schikoree, Nessessär.

In einer Verbindung beider Prinzipien würde ich die Schreibweise »Ottografii« empfehlen. Übrigens hat sich auch für den Haushund manches geändert: Statt »Wow, wow« (sprich: »Haff-haff«) bellen wir heute »Wau, wau« (sprich: »Haff-haff«). Statt Joule heißt es Jaul und statt Iiiiijuuuwaaooouuu Iiiiijuuuwaaooouuu (Silbentrennung jetzt nach den ersten zwei statt nach den ersten drei »i«). Weil das Hundi als Schriftsprache kaum verbreitet ist und mehr auf mündlichen Überlieferungen fußt, interessiert das eigentlich keine Sau. Außer vielleicht den Duhden.

Osmose

Biochemisches Kunststück, das erfahrene Haushunde aus-
schließlich bei Nacht vor schlafendem Publikum aufführen.
Nachdem *homo sapiens* sich ins Bett gelegt hat, nimmt der
Hund vorschriftsgemäß auf seinem Polster hinter der Tür
Platz. Es vergehen einige Momente der Sammlung. Der
Mensch schlummert ein, der Hund erhöht seine Konzentra-
tion, bis die Osmose in Gang gesetzt werden kann. Ohne
jede wahrnehmbare Bewegung diffundiert er gewissermaßen
auf Molekülbasis mit Schnauze und Vorderpfoten auf die
Bettkante, wobei ihm das strikte Bettverbot als semiper-
meables Medium dient. Nach kurzer Verschnaufpause folgen
Bauch und Hinterbeine, bis der Hund schließlich ganz auf
der Matratze liegt. In diesem Moment ist der osmotische
Druck immerhin so weit ausgeglichen, dass er den Haushund
nicht zum Platzen bringt. Im Lauf der Nacht kommt es vor,
dass weitere Diffusionsbewegungen ihn bis aufs Kopfkissen
transportieren, wo er dann endlich den beseligenden Zustand
eines isotonischen Gleichgewichts erlebt. Ob *homo sapiens*
das in der gegebenen Situation genauso beurteilen würde,
mag dahingestellt bleiben. In den Dschungeln der Biochemie
ist jede gelöste Substanz für sich selbst verantwortlich.

Othello

Zu Othello gäbe es eine Menge zu sagen. Ich beschränke
mich auf ein kurzes Zitat, zweiter Akt, erste Szene: »For I am
nothing, if not critical.« Auch wenn mir dieser → Name aufgrund meiner Haarfarbe und der, sagen wir, schlecht sub-
limierten Neigung zu Verlustängsten verliehen wurde, be-
stehe ich darauf, dass »Othello« mir die Rolle eines kritischen

Bekämpfers der Rassen- und Artentrennung gewissermaßen mit in die Wiege gelegt hat. Ob Desdemona zur Nacht gebetet hat, interessiert mich demgegenüber weniger. Ohnehin weht der Satz »Der Mohr hat seine Schuldigkeit getan, der Mohr kann gehen« als Banner der Angst über dem Leben jedes Haushunds (vgl. → Liebe, wahre). Man spürt es weniger, während man dabei ist, des Menschen seltsame Neigung zur Paradoxie in lustige kleine Stücke zu zerlegen. Schon deshalb ist Othello nichts, wenn er nicht kritisch ist.

P

Pawlow, Iwan Petrowitsch

1849–1936, Physiologe, Pharmakologe und Nobelpreisträger. Hat herausgefunden, dass einem das Wasser im Mund zusammenläuft, wenn man weiß, dass es gleich Abendessen gibt. Hält man den gemeinen Haushund für eine Art haarige Laufpflanze ohne jeden Anflug von kognitiven Fähigkeiten, mag diese Erkenntnis überraschen. Wahrscheinlich hat Pawlows schlauer Hund es ein bisschen spannend gemacht und sich eine Menge Salami geben lassen, bevor er zum ersten Mal zu triefen anfing, als der Gong ertönte. Jedenfalls möchte ich mich genau wie bei → Lorenz, Konrad nachträglich bei Pawlow dafür bedanken, dass er zur Anerkennung des Haushunds als lebendiges Wesen beigetragen hat. Danke, Iwan! Zur Belohnung lässt man dich an der Unsterblichkeit deines Haustiers teilhaben. Mehr als die Sache mit dem Hundesabbern weiß man nämlich nicht mehr von dir.

Pfui

1. Spontaner Ausruf des Abscheus oder der Verachtung. 2. Suggestivbefehl, mit dem *homo sapiens* seinem Haushund einreden will, dass jenes Undefinierbare, das Letzterer soeben auf der Straße gefunden hat, nicht lecker sei. Gegen eine derart billige Art von Gehirnwäsche ist der Haushund selbstverständlich immun. Wenn er die Big-Mac-Gurke wieder fallen lässt, dann aus anderen Gründen. Vgl. → Strafe.

Planck, Max

1858–1947, Physiker, Nobelpreisträger, Begründer der → Quantenphysik. Seine Versuche haben unter anderem bewiesen, dass nichts real ist, solange man es nicht beobachtet, auch wenn Max das mit Sicherheit anders ausgedrückt hätte. Während sein jüngerer Kollege Erwin Schrödinger Experimente mit einer Katze durchführte (vgl. → Katze, Schrödingers), ist über eine Arbeit mit Haushunden in der Quantenphysik nichts bekannt, obwohl wir auf diesem Gebiet gewissermaßen als Experten gelten müssten (vgl. → Fuß). Mit wenig Mühe hätte ein Haushund die Ergebnisse der Quantenphysik veranschaulichen und Schrödingers Katze vor ihrem Schicksal bewahren können. Der Grundlagenversuch »The vanishing Wurst« ist so einfach, dass ihn jeder naturwissenschaftlich interessierte Leser zu Hause nachstellen kann:

Man setze einen Haushund in einen beliebigen Raum und lege eine Wurst auf den Tisch. Solange der Versuchsleiter das Geschehen beobachtet, wird die Wurst weiterexistieren. Sobald er wegguckt, kann er sicher sein, dass die Wurst zu existieren aufgehört hat.

Dieses klare Ergebnis zeigt die wahre Auswirkung von Beobachtung auf das beobachtete Objekt. Der Planck'sche Hund hätte neben dem Pawlow'schen in die Geschichte eingehen können. Schade, dass Planck keinen Haushund hatte. Das ist bekanntlich das Problem vieler großer Männer (vgl. → Kant).

Platz

1. Urbane Häuserlücke größeren Ausmaßes, die von Überwachungskameras umzingelt ist.

2. Aufforderung, sich an gegebener Stelle niederzulassen. Aus dem jeweiligen Kontext ergibt sich die wichtige Unterscheidung zwischen »Nehmen Sie doch Platz« und »Mach jetzt Platz«. Die erstgenannte Formulierung bittet einen künftigen Schwiegervater oder finanzkräftigen Investor, es sich im Ehrensessel bequem zu machen. Die zweite Wendung meint dagegen immer den Haushund, der sich daraufhin je nach Jahreszeit auf den nassen, gefrorenen oder glühend heißen Untergrund drückt. Entgegen dem ursprünglichen Bedeutungsgehalt des Begriffs wird er am liebsten an Stellen gebraucht, wo überhaupt kein Platz ist, zum Beispiel inmitten ausgezogener Schuhe im Flur, unter den Klappsitzen eines Hörsaals oder hinter dem Schirmständer im → Restaurant. Auch in den Variationen »Geh auf deinen Platz«, »Bleib Platz« oder einfach nur »Platz« ist das Ergebnis immer dasselbe: Alle sitzen, stehen, laufen herum und amüsieren sich, nur der Hund liegt platt auf dem Bauch. Im englischen Sprachraum kommt besser zum Ausdruck, was mit dem Kommando gemeint ist: »Down«. Was tut man nicht alles für ein tägliches Gratisessen.

Platz

Polizei

Seit sechzig Jahren lebt *homo sapiens westeuropaeiensis* in Frieden, Sicherheit und wachsendem Wohlstand. Wie jedes andere instinktgesteuerte Wesen produziert er regelmäßig ein bestimmtes Maß an Angst, das zu neurotischen Zuständen führt, wenn es keinen glaubwürdigen Anlass findet. Deshalb denkt sich *homo sapiens* fortlaufend neue Gefahren aus und definiert sie als real. Der Kalte Krieg bot hierfür optimale Rahmenbedingungen. Es gab ein Reich des Bösen und die Idee des atomaren Erstschlags. Man konnte Bunker bauen und seinen Kindern beibringen, feuchte Waschlappen mit Backpulver zu bestreuen und vor den Mund zu pressen. Jedermann wusste, warum er nachts nicht schlafen konnte und tagsüber nicht so richtig glücklich war. Kein Wunder, in einer solchen Welt.

Seit Ende der kommunistischen Bedrohung ist die Sachlage komplizierter geworden und fordert die menschliche Einbildungskraft bis zum Äußersten heraus. Um ein Haar hätte uns das Millennium vernichtet. Apokalyptische Klimakatastrophen stehen dicht vor der Tür und sind bereits im Kino zu besichtigen (vgl. → Umwelt). Terror und *clash of civilizations* haben die Welt in einen chaotischen, kurz vor der Implosion stehenden Ort verwandelt. Alles wird teurer, BSE, HIV und SARS breiten sich aus, und zu allem Überfluss bedrohen Internet, entartete Computerspiele und Pornographie die seelische Gesundheit von *homo sapiens*. Selbstverständlich war früher alles besser, billiger, sicherer, sauberer. Besonders im Mittelalter.

Zur Bekämpfung derart vielfältiger Gefahren braucht man eine Menge Gesetze sowie Behörden für ihren Vollzug. Polizisten, Beamte des → Ordnungsamts, Bundesgrenzschützer, Bundeswehrsoldaten, Sicherheitswacht, Bürgerwehr und

Wachpolizei sorgen dafür, dass jeder Gefahrenpunkt observiert, jeder öffentliche Platz gefilmt, jede Telephonleitung staatlich geprüft und somit jeder Bürger überall und immer von schützenden Augen, Ohren und Händen begleitet wird. Wenn die schwere Aufgabe der Gefahrenabwehr den Uniformträgern eine Verschnaufpause lässt, re-investieren sie die frei gewordene Zeit in die Bekämpfung von Alltagsbedrohungen. Hierzu zählen Fahrräder ohne Licht, Fußballspielen auf der Wiese, Rollschuhfahrer auf dem Bürgersteig, falsch geparkte Autos, sperrige Kinderwagen und ganz besonders der hundsgemeine Haushund. Letzterer hat sich vor etwa fünfzehntausend Jahren heimtückisch in die menschliche Kultur eingeschlichen, um sie in einem subversiven Guerillakrieg von innen zu zermürben. Ohne Vorwarnung beißt er in herunterhängende Hände, achtlos auf dem Bürgersteig abgestellte Unterschenkel und tief schwebende Kindergesichter. Um dem Wirken und Weben der haarigen Gefahr endlich einen Riegel vorzuschieben, muss der Haushund mit Maulkorb, kurzer Leine, Fußfesseln, Handschellen, Zwangsjacke, abgefeilten Giftzähnen und ausgerissenen Krallen auf die Straße getragen und in ein speziell zu diesem Zweck angefertigtes Hundeklo gesetzt werden. Am besten in Gegenwart eines Mannschaftswagens der Polizei.

Auf diese Weise ist etwas geschehen, das mir vor fünfzehntausend Jahren kein Artgenosse geglaubt hätte: Ausgerechnet als Angstlieferant ist der Haushund zu einem viel beachteten und unverzichtbaren Mitglied der Gesellschaft geworden. Der Größe seiner Bedeutung kann er sich spätestens in dem Augenblick sicher sein, wenn ein Auto mit Zivilpolizisten neben ihm hält, um die Personalien seines *homo sapiens* aufzunehmen. Richtig: Es handelt sich um einen klassischen Fall trauriger Berühmtheit. Kann man der hiesigen Menschheit tatsächlich wünschen, sie möge mal wieder eine echte Gefahr kennen lernen, damit sie aufhört, selbst erfundene Gegner mit frenetischem Sicherheitswahn zu tyrannisieren? Bisweilen ist man kurz davor. Zum Glück leben wir in einer Welt, in der das Wünschen nicht mehr hilft.

Quantenphysik

Die Quantenphysik oder auch Quantenmechanik ist ein auf
Max Planck zurückgehender Teilbereich der Physik (vgl.
→ Planck, Max), der sich mit den Eigenschaften und Verhaltensweisen kleinster Teilchen beschäftigt. Weil der normal
gewachsene Haushund ein eher großes Teilchen ist, wird er
von dieser Wissenschaft bewusst ignoriert (vgl. → Katze,
Schrödingers). Trotzdem empfiehlt es sich nicht, die Quantenmechanik in trotziger Gegenignoranz für einen Spott-
begriff aus der Veterinäranatomie zu halten (vgl. → Fuß), da
einige ihrer Ergebnisse erheblichen Alltagsnutzen haben.
Dies gilt in erster Linie für die Theorie der sogenannten
Wahrscheinlichkeitswelle. Sie besagt in etwa, dass man den
Aufenthaltsort eines Objekts nicht mit Sicherheit bestimmen
kann, solange man es nicht beobachtet. Dies gilt nicht nur im
Urwald oder in einer überfüllten Fußgängerzone. Die Wahrscheinlichkeitswelle erstreckt sich über das ganze Universum, ist unter anderem dort besonders stark, wo man tatsächlich festgestellt wird, und überlässt es dem Zufall, ob
man nicht ganz woanders ist. Zum Beispiel auf der anderen
Straßenseite beim Jagen von Nachbars Katze, anstatt brav

wartend an der Bordsteinkante. Oder auf einem gemütlichen Spaziergang durchs Viertel statt im Wartezimmer des ortsansässigen Tierarztes. Weil der durchschnittliche *homo sapiens* nicht Physik studiert hat, weiß er nichts von diesen Dingen und vermutet den Haushund jedes Mal wieder an der Stelle, wo er ihn zuletzt gesehen hat. Insofern verhelfen quantenmechanische Grundkenntnisse zu einem wertvollen Vorsprung bei der Selbstfindung. Vor allzu waghalsigen Quantensprüngen sei jedoch gewarnt. Sie münden mitunter in strapaziöse Irrfahrten und enden im neunten Kreis der Hölle, auch → Tierheim genannt, wo der Haushund reumütig darauf warten muss, dass sein *homo sapiens* ihn abholt. Wenigstens das Teilchen selbst sollte immer wissen, wo es sich gerade aufhält.

Quote

Lange Jahre verfolgte mein Haushalt eine konsequente Geschlechterpolitik mit klaren demographischen Vorgaben: Durch die Anwesenheit meiner Wenigkeit herrschte ein männlicher Haushundanteil von hundert Prozent, der ein trauliches und konfliktfreies Zusammenleben mit sich selbst und mit *homo sapiens* garantierte. Eines Tages verlangte die Quote eine Aufstockung der weiblichen Partikularbevölkerung und Herstellung einer Fifty-fifty-Situation. Die Quote ist acht Jahre jünger, blond und langbeinig und entspricht nach menschlichem Vorstellungsbild dem Prototyp einer Traumfrau (vgl. → Mädchen, eigenes). Zu Hause steht sie im Weg, beißt den männlichen Haushund alle fünf Minuten in die Ohren und provoziert mit einer neuartigen Mischung aus Magersucht und Futterneid nie gekannte Ressourcenstreitigkeiten. Kaum waren die Bedingungen friedlicher Koexistenz

Quantenphysik

geschaffen, forderte die gierige Quote eine Erweiterung der rein hündischen Gemeinschaft um eine → Katze-im-Besonderen. Diese darf auf dem Tisch sitzen, bekommt Futter mit quotenfeindlichen hundert Prozent Fleischanteil und benutzt den Hund bei ihren Beuteübungen als exemplarische Maus.

Inzwischen haben wir uns aneinander gewöhnt und sehen mit gemischten Gefühlen der nächsten demographischen Entscheidung entgegen. Der weibliche Haushund hat nicht verstanden, was eine Quote ist, und wünscht sich einen Quotenwindhund zum Fangenspielen. Die Katze hofft auf einen Quotenfisch oder Quotenvogel. Ich befürchte ein paar stinkende Quotengrasfresser im → Garten hinter dem Haus. Leider zeigt die Erfahrung, dass ich am Ende immer Recht behalte.

R

Radfahren

Weil *homo sapiens* gerne nach oben buckelt und nach unten tritt, ist das Radfahren eine seiner liebsten Fortbewegungsarten (vgl. → Sprichwort). Zu diesem Zweck legt der Mensch sich eine Eierschale auf den Kopf, kleidet sich in die bunt schillernden Farben des Eichelhähers und fährt in den Wald, um sich schnell wie ein Vogel zu fühlen. In der Tat erreichen Radsportprofis Geschwindigkeiten von mehr als hundert Sachen, während ein Windhund seine Rennen mit sechzig bis siebzig Kilometern pro Stunde läuft. In diesem Zusammenhang tritt das Grundproblem des Haushunds deutlich zutage: Er rollt nicht, wenn es bergab geht.

Damit der Vierbeiner nicht trödelt, kauft der hundebesitzende Hobbysportler einen »Springer«, also eine Vorrichtung aus Riemen und Stangen, in die der Haushund seitlich zum Fahrrad eingespannt wird. Leider ist noch niemand auf die Idee gekommen, das Gestänge so hoch anzubringen, dass die Hundebeine den Boden nicht mehr berühren und sich in selbst gewähltem Tempo in der Luft bewegen können. Wenn der Haushund an einen Möchtegern-Jan-Ullrich geraten ist und nicht ins Lenkerkörbchen passt, sollte er sich eine Besonderheit seiner physischen Konstitution vergegenwärtigen: Kreislaufkollaps und Herzstillstand treten häufig erst im Anschluss an eine Überanstrengung ein, so dass *homo sapiens* die stramme Radtour vorher noch zu Ende führen kann. Deshalb empfiehlt es sich, möglichst rechtzeitig alle Register der Ermüdungserscheinungen zu ziehen. Kaum ist die heimatliche Haustür außer Sicht geraten, beginnt der kluge Hund mit ersticktem Hecheln und Augenrollen. Nachdem dies mit dem Ausruf »Stell dich nicht so an!« quittiert wurde, lässt er sich zu Boden fallen und verharrt in dieser Lage, bis *homo sapiens* die Bremswirkung des mitgeschleiften Körpers nicht länger ignorieren kann. Wer nicht ans Fahrrad gekettet ist, wirft sich in vollem Lauf die Böschung hinunter und bleibt, gut sichtbar für alle Sonntagsspaziergänger, auf dem Rücken liegen. Je nach darstellerischem Talent des Haushunds dürfte dies die erste und letzte olympische Trainingseinheit für ihn gewesen sein (vgl. → Begabung, schauspielerische).

Gegen Bummelausflüge mit mehreren Unterbrechungen für Picknicks und Biergartenbesuche ist indessen nichts einzuwenden. Mit etwas Erfahrung lässt sich die Art der geplanten Radtour mühelos erkennen. Wenn *homo sapiens* früh aufsteht, gestreifte Schuhe mit komischen Absätzen anzieht und seine Getränke nicht in braunen oder grünen Glasflaschen, sondern in einer Plastikdose mit Trinkschnuller mit sich führt, ist äußerste Vorsicht geboten. Trägt er jedoch ein gestreiftes Hemd und verbringt zwei Stunden am Telephon, bevor er das Haus verlässt, kann Entwarnung gegeben werden. Wie *homo sapiens* seine Freizeit verbringt, ist nicht zuletzt eine Frage der → Erziehung. Ein kluger Haushund hat noch so manchen Pseudorennsportler zu einem erstklassigen Sonntagsfahrer gemacht.

Rangordnung

Eine Mischung aus dienstlicher Hierarchie und göttlicher Ordnung (siehe auch → Religion), die dem Haushund einen festen Platz im Leben zuweist. Was auf den ersten Blick wie ein diktatorisches Unterdrückungssystem ohne jede Rechtsgrundlage aussieht, ist auch ein diktatorisches Unterdrückungssystem ohne jede Rechtsgrundlage, stellt gleichzeitig aber eine biologische Notwendigkeit für den von Natur aus regeltreuen Haushund dar. Genau wie *homo sapiens*, der das allerdings hartnäckig bestreitet, ist auch der Haushund froh, wenn ihm jemand sagt, was er zu tun hat. Darüber hinaus erfüllt die Rangordnung wichtige Funktionen bei der Aufgabenverteilung im häuslichen Zusammenleben. Für den Inhaber der Spitzenposition liegt der Tätigkeitsschwerpunkt auf 60-Stunden-Arbeitswoche, Nahrungsbeschaffung, Selbstverwaltung, Aufräumen, Putzen, Telephondienst, Gesundheits- und Altersvorsorge, äußere Kommunikation, innere Organisation und sonstiges. Die nachgeordnete Position macht Sitz, wenn die Spitzenposition »Sitz« sagt. Der Haushund weiß schon, warum er sie liebt, die einfache Ordnung der Dinge.

Rasse

Aus historischen Gründen gebraucht *homo sapiens* dieses Unwort nicht mehr für seine Artgenossen. Leider ist ihm noch nicht ins Bewusstsein gedrungen, dass der Begriff auch in der Anwendung auf andere Säugetiere zu Ärger führt. Wer einer Rasse angehört, verbringt sein halbes Leben auf Zuchtschauen oder beim Friseur, unterliegt der Zwangsheirat, trägt Schleifchen im Haar und darf sich beim Spielen nicht schmutzig machen. Als Rassefreier kann man sich glücklich schät-

zen, wenn man die ersten acht Wochen seines Daseins über-
lebt, steht mit einem Bein im → Tierheim, bekommt keine
Seidenkissen und kein Vet-Size-Breed-Futter zum satten
Preis von fünf Euro das Kilo. Eine Haushundinitiative unter
dem Titel »Rasse ist Rassismus« könnte mit breitester Unterstützung rechnen; sie müsste nur erst gegründet werden. Wenigstens gehört es inzwischen zur Allgemeinbildung, dass
Mischlinge den besseren Charakter haben.

Regeln

Homo sapiens macht gern Vorschriften. Das gilt nicht nur
gegenüber Haushund, Hauskatze, Hausvogel und Haus-
fisch, sondern auch gegenüber Blumenbeeten, dem Wetter,
Ottomotoren und vor allem seinen Mitmenschen. Der philosophische Haushund erklärt das Phänomen mit folgenden
Worten: Ein Spiel hat Regeln, und alles, was Regeln hat, ist
ein Spiel. Wer dagegen etwas von unzulässigen Umkehr-
schlüssen einwenden möchte, missachtet böswillig, dass
die natürliche Intelligenz des Haushunds nach allgemeiner
Überzeugung für logische Sophistereien dieser Art nicht
ausreicht (vgl. → Intelligenzquotient). In der Interpretation
des Haushunds besteht das Ziel des Spiels darin, jene Regeln,
die die andere Partei aufgestellt hat, dem Grunde nach zu
akzeptieren, dann aber auf Schleichwegen zu umgehen. Wie
bei jedem Spiel ist es wichtig, zu wissen, wann es genug ist.
Sichere Anzeichen für eine Übertreibung auf Seiten des
Haushunds liegen vor, wenn *homo sapiens* in den Gelben
Seiten nach der Telephonnummer des örtlichen → Tierheims
sucht oder die abgetrennten Schulterriemen mehrerer Da-
menhandtaschen zu einer neunschwänzigen Katze verkno-
tet. Übertreibung durch *homo sapiens* besteht in der förm-

lichen Übergabe eines mehrseitigen Regelwerks, dessen Inhalt der Haushund sich ohnehin nicht merken kann. Vgl. hierzu → Hausordnung.

Reisen, mit Hund

Das Reisen ist eine moderne Ausprägung des menschlichen Nomadentriebs. So sehr die Sesshaftigkeit zur Zivilisationsbildung beigetragen haben mag, so schlecht gelingt es *homo sapiens*, Rückfälle in die Zeit der Völkerwanderung zu vermeiden. Häufigkeit und Dauer dieser Rückfälle sind eine Frage der individuellen Disposition. Der sensible Haushund merkt schnell, an welche Sorte Mensch er geraten ist: Wenn er im Alter von acht Wochen auf einer Plastikfolie in den Fußraum des Autos gesetzt und so lange um den Block gefahren wird, bis er sich die Reisekrankheit ein für allemal aus dem Leib gekotzt hat, kann er sich auf ein bewegtes Leben gefasst machen. Dabei wird er voraussichtlich eine Reihe verschiedener Fortbewegungsmittel kennen lernen.

1. Zugfahren: Die Deutsche Bahn bringt ihre fortschrittliche Haltung zur Gleichberechtigung zwischen Mensch und Tier zum Ausdruck, indem sie dem Haushund ein Kinderticket verkauft. Da der Haushund vier Beine besitzt, auf denen er stehen, sowie einen Bauch, auf dem er liegen kann, braucht er nach Meinung des Beförderungsunternehmens allerdings keinen Sitzplatz. Aufenthalte im Gepäcknetz sind aus Sicherheitsgründen untersagt, so dass sich der Haushund immer dort befindet, wo ein anderer Fahrgast seine Taschen oder Beine hinstellen will. Die Entrichtung eines Preises von 110 Euro auf der Strecke Hamburg-München und zurück verhilft dem Haushund demnach nicht zu einer unanfechtbaren Existenzberechtigung im Reisemittel seines Vertrauens.

Für so viel Geld dermaßen schlecht behandelt zu werden hat Seltenheitswert und kann mit hohem Kultfaktor in die Kategorie des Erlebnistourismus eingeordnet werden.

2. Flugzeug: Wer sich für ein Fortkommen in der Luft entscheidet, wird in eine Kiste gesteckt und gemeinsam mit Koffern und Säcken im Gepäckraum des Flugzeugs verstaut. Weil Koffer nicht frieren, ist der Gepäckraum nicht beheizt. In zehntausend Meter Höhe liegt die Lufttemperatur nicht wesentlich über minus sechzig Grad, so dass der Haushund vor Fahrtantritt unter Drogen gesetzt werden muss, die allerdings nicht im Flugpreis enthalten sind. Da er als Übergepäck seine Reisekosten pro Kilo Körpergewicht zu entrichten hat, erhält er auf der Strecke Frankfurt-Johannesburg für ein Entgelt von 750 Euro die immerhin real existierende Chance, sein Reiseziel bei lebendigem Leib zu erreichen. Sollte er sich nach dem Entladen tot auf dem Gepäckband im Kreise drehen, hat *homo sapiens* einen Anspruch auf Schadensersatz. Der hiesige Zeitwert eines gebrauchten Mischlingshunds beträgt gut achtzig Euro, und dafür kann man sich in Johannesburg mindestens drei neue kaufen.

3. → Auto: Hier stehen die Überlebenschancen gut, der Fahrpreis tendiert vergleichsweise gegen Null, und man muss auch nicht acht Stunden ohne Klogang auskommen. Der Haushund muss nur die Größe eines Fußballs annehmen, um ohne Thrombosen im voll gepackten Golf Diesel von Leipzig nach Sarajevo zu gelangen. Kein Wunder, dass die meisten Haushunde eines Neo-Nomaden geübte Autofahrer sind. Und trotz Naturverbundenheit weit davon entfernt, die Grünen zu wählen.

Reisen, ohne Hund

Was auch immer sich die moderne Mobilitätsgesellschaft zur Demobilisierung ihrer hundehaltenden Mitglieder ausdenkt – der Größte Anzunehmende Unfall tritt erst ein, wenn *homo sapiens* ohne seinen Haushund verreist (vgl. → Tasche, Reise). Die meisten Menschen vermuten, dass der Haushund sich in solchen Fällen aus dem → Rudel verstoßen fühlt. Was, frage ich, hat es mit »Rudel« zu tun, wenn das einzige Wesen, das man von Herzen liebt, das einen füttert, unterbringt, streichelt, bürstet, spazieren führt, straft, belohnt und auch noch die Steuern bezahlt, plötzlich allein das Weite sucht?

Die Sache vollzieht sich wie folgt: An der Haustür pflegt *homo sapiens* zu erwähnen, dass man nicht so gucken soll und er doch bald wiederkommt. Aber Züge können entgleisen, Flugzeuge abstürzen und Autos als Blechhaufen im Straßengraben enden. *Homo sapiens* kann sich in eine ausländische Artgenossin verlieben und einen spontanen Wohnsitzwechsel beschließen, wobei er seinen alten Haushund im Überschwang der Gefühle vollkommen vergisst. Häuser können einstürzen, Kontinente versinken. Während der Abwesenheit seines Menschen auferlegt sich der Haushund daher strenge Askese ohne Essen und Schlaf, um die Götter milde zu stimmen. Die Wohnungstür wird zur Klagemauer, an der er seinem prophylaktischen Verlustschmerz lautstark Ausdruck verleiht.

Kaum ist der Mensch wieder da, ist alles gut, die Freude überwältigend, das Leid vergessen. Bis zu diesem Moment aber gilt: Wenn *homo sapiens* fährt, lasst alle Hoffnungen mit ihm fahren.

Religion

Haushunde sind ausgesprochen religiöse Wesen. Was dem *homo sapiens* sein Gott, ist dem Hund sein *homo sapiens*. Für einen Hund ist der Mensch eine Instanz, die über Leben und Tod, Futter und Verhungern, Freude und Leid gebietet. Der Mensch straft und belohnt. Er spricht eine Sprache, die größtenteils außerhalb des intellektuellen Radius seiner Jünger liegt, und verständigt sich deshalb in Zeichen und Wundern. Seine Beweggründe sind dem Hund nicht einsichtig. Ob der Hund einem gütigen Gebieter oder einer rachsüchtigen Gottheit dient – ein Leben ohne *homo sapiens* ist ein Leben im Nichts und deshalb nicht vorstellbar. Auch ihren Höchsten Herrn hätten die Menschen guten Gewissens ein »Herrchen« taufen können. Denn Religion ist nichts anderes als die Lehre davon, wie man frei von Erkenntnis gehorcht und am Ende trotzdem getan hat, was man eigentlich wollte. Darin haben wir Hunde es zu einer gewissen Meisterschaft gebracht.

Die Atheisten unter uns stammen überwiegend aus dem Geschlecht der Dackel oder West Highland Terrier. Die meisten von ihnen haben jedoch weniger Freiheit gewonnen, als sie an Halt verlieren. Ein guter Hund beweist tagtäglich, wie sich Religiosität mit einem kritisch-aufgeklärten Geist verbinden lässt. Der Klebstoff heißt »Liebe«, ist den Menschen ein Rätsel und dem Haushund ein natürlicher Zustand. Seinen Gott zu lehren, was echte Liebe bedeutet, stellt die edelste Aufgabe jedes Gläubigen dar (vgl. → Liebe, wahre). Abgesehen davon ist der Haushund zum Missionieren zu faul und gegen jede Art von Fanatismus immun. Im Normalfall kommt auf einen Hund mindestens ein Gott, was Glaubenskriege von Anfang an überflüssig macht. Dass dies bei *homo sapiens* eigentlich genauso ist, erkennt dieser aufgrund

Religion

seiner angeborenen Blindheit leider nicht. Der Haushund vergöttert ihn trotzdem. Zumal das Verhalten des Menschen in der Regel immer noch besser ist als das Betragen sämtlicher ihrer Götter zusammen genommen.

Restaurant

Olfaktorische Folterstube für alle Lebewesen, die dank der hartnäckigen tierischen Pelzmode keine Taschen im Fell und deshalb nicht das nötige Kleingeld dabeihaben, um sich den großen Grillteller oder die Elsässer Schlachtplatte zu bestellen. Wer in stummem Protest einen Holzklotz vom Kamin unter dem Tisch zu Sägespänen zermalmt, wird erleben, dass in diesem rechtsfreien Raum auch friedliche und politisch korrekte Meinungsäußerungen unerwünscht sind.

Da das amerikanische Doggie-Pack-System hierzulande keinen guten Ruf genießt, muss der gepeinigte Haushund hilflos mit ansehen, wie unabgenagte Knochen, unabgeschleckte Teller, halbvolle Reisschüsseln und jungfräuliche Brotkörbe bezahlt an die Küche zurückgehen. Wohl dem, der sanft genug ist, die Kellnerin nicht mit einer Blutgrätsche am Abräumen zu hindern. Wohl dem, der stattdessen seinen taumelnden *homo sapiens* sicher heimgeleitet und darüber hinwegsieht, dass dieser vor lauter Weinseligkeit das Hunde-Abendessen vergisst.

Kleine Anmerkung des Verfassers: Es gibt keine ausgleichende Gerechtigkeit. Wiedergeburt ist zwecklos.

Restmülltonne

Der Unterschied zwischen Restmülltonne und → Biotonne besteht darin, dass der gesamte Inhalt der Biotonne essbar ist, während dieses Prinzip für die Restmülltonne nur begrenzte Gültigkeit besitzt. Die nichtessbaren Ingredienzien der Restmülltonne gehören jedoch entweder in die gelbe oder in die blaue Tonne, in den Glas- oder Kleidercontainer, auf die Sperrmüllhalde, in den Batterien-Sammelbehälter oder auf einen einsamen Abhang dicht hinter der polnischen Grenze. Wenn *homo sapiens* diese einfachen Prinzipien beachten würde, müsste der Haushund nicht den gesamten Tonneninhalt im Vorgarten verstreuen, um mithilfe eines eigens von ihm entwickelten Mülltrennungsverfahrens alles Genießbare herauszufiltern. Spätestens nach dem dritten Vorfall dieser Art weiß der Haushundbesitzer: Genau wie die Biotonne ist auch die Restmülltonne für ihn vollkommen überflüssig.

Rudel

Einem weit verbreiteten Irrglauben zufolge ist der Hund ein Rudeltier. In freier Natur, so geht die Legende, lebten die Hunde in großen Gruppen zusammen, durch strikte Hierarchien geordnet, durch den schlauen und starken Leithund geführt. Tagsüber gingen sie auf die Jagd, nachts lösten sie sich bei der Wache ab, schliefen eng aneinander gekuschelt oder heulten gemeinsam den Mond an.

Das, ihr lieben Urzustand-Romantiker, waren die Wölfe. Der Hund stammt etwa so vom Wolf ab wie *homo sapiens* vom Affen. Er lebte nie in freier Wildbahn und sein Jagdverhalten betrifft ausschließlich Kaninchen am Rheinufer, Katzen oder heruntergefallene Wurstzipfel an der Frittenbude.

Sicher, wir bleiben nicht gern allein zu Hause, zumal uns ein anständiger Daumen zum Umgang mit Fernbedienung und Dosenöffner fehlt. Ansonsten aber ... vgl. → Natur, → Omnivor, → Reisen, ohne Hund und → Wiese, Hunde.

Sand

Sand ist das, was Menschen sich gegenseitig in die Augen streuen, nachdem sie den Kopf hineingesteckt haben, weil sie beim Bauen darauf wieder einmal nur Spuren in ihm hinterließen. Damit der junge *homo sapiens* diese Verhaltensweisen so früh wie möglich erlernt, wird er als kleines Kind gleich in eine Sandkiste gesetzt. Dort kann er den Kreislauf aus Errichten und Vernichten studieren, der fortan sein ganzes Leben bestimmen wird. Noch bis ins hohe Alter hinein bucht *homo sapiens* alljährlich teure Sommerurlaube, um für eine Weile mehr als genug von dem Zeug zu haben, das sonst immer nur als fein rieselnder Faden in obskuren Glasgebilden das unaufhaltsame Verrinnen seiner Lebenszeit versinnbildlicht.

Vielleicht liegt es am hohen Symbolcharakter, dass *homo sapiens* seinen Sand meist sorgfältig gegen den Haushund absichert. Letzteren stört das nicht, weil er diesen Sand schlicht und ergreifend nicht braucht. Weder verscharrt er katzengleich sein Häufchen darin, noch backt er Kuchen, die man nicht essen kann. Auch wird ein Hund seine Zeit nicht damit verbringen, derselben heulend und zähneklappernd beim

Sand

Vergehen zuzusehen. Soll *homo sapiens* seine Kinder weiterhin bei Tag in eingezäunten Sandkästen aufbewahren und bei Nacht dem Sandmännchen ausliefern – jedes einzelne Körnchen sei ihm gegönnt. Der Haushund weiß den Luxus von festem Boden unter den Pfoten zu schätzen.

Schule, Hunde

Ein Ort, den *homo sapiens* aufsucht, um sich beibringen zu lassen, wie er mit seinem besten Freund umgehen soll. Während der Haushund durch Röhren kriecht, über Wippen läuft und andere Dinge tut, die der Zweckfreiheit seines Daseins entsprechen, erfährt *homo sapiens*, dass »Zuckerbrot und Peitsche« immer nur als Metapher und niemals wörtlich gemeint war. Er lernt, dass man seinen Willen klar und verständlich ausdrücken soll und sich mit einem geliebten Wesen beschäftigen kann, statt sich mit Leckerlis und Spielsachen von ihm freizukaufen. Zuallererst aber muss *homo sapiens* begreifen, dass der natürliche Impuls der meisten Säugetiere auf Zusammenarbeit gerichtet ist, wenn man es sich nicht durch Taktlosigkeit und Ignoranz mit ihnen verdirbt.

Angesichts dieses Lehrplans liegt klar auf der Hand, dass eine Hundeschule nicht nur von Hundebesitzern (vgl. → Besitzer, Hunde), sondern vor allem von Eltern, Lehrern, Politikern, Fußballtrainern, Vorstandsvorsitzenden, Universitätsprofessoren, Kindergärtnern und Chefärzten besucht werden sollte. Jeder verständige Haushund wäre in einem solchen Fall bereit, so lange weiter durch Röhren zu kriechen und über Wippen zu laufen, bis es der Letzte kapiert hat.

Simulant

Ein Simulant ist jemand, der so tut, als wäre er krank. Unter den Menschen gibt es mindestens ebenso viele Exemplare, die Tag für Tag so tun, als wären sie gesund. Der Haushund tut so, als ob er nichts verstünde, und sein Mensch so, als ob er das glaubte. Wer arm ist, verkleidet sich als Reicher, und wer reich ist, behauptet, er wäre arm. Die ganze Welt tut so, als wäre sie ein paradiesischer Ort, wenn nur jene, die darüber zu entscheiden haben, nicht so dumm wären. Wenn nun der Haushund ein bisschen hinkt, weil er sich lieber bedauern lässt, statt im Regen joggen zu gehen, ruft *homo sapiens* doch tatsächlich aus: »Ihr Hunde seid die allergrößten Simulanten!« Und da erst haben wir ihn, den Gipfel der Simulation. Vgl. im Übrigen → Begabung, schauspielerische.

Sitz

1. Möbelstück oder ähnliche Vorrichtung, die *homo sapiens* zum Sitzen dient. Es gibt Autositze, Hochsitze, Klappsitze, Vorstandsvorsitze, Polstersitze, Sitzpolster, Sitzbänke, Sitzkissen, Sitzecken, Sitzgruppen, Sitzreihen, Sitzblockaden, Sitzplätze und Sitzflächen. Wo *homo sapiens* nur kann, baut er eine Sitzgelegenheit hin, und ist auf diese Weise ständig von solchen umgeben. Auf zwei Beinen steht es sich anscheinend schlecht.

2. Kurzbefehl, der den Haushund auffordert, auf dem *Boden* Platz zu nehmen. Ich vermute, dass das in einem so fortgeschrittenen Teil dieses Buchs niemanden mehr überraschen wird.

Sprichwort

Der Hund ist des Menschen ältestes Haustier. Es nimmt also nicht wunder, dass mit der Zeit die eine oder andere idiomatische Verwendung seiner Gattungsbezeichnung in die menschliche Sprache eingegangen ist. PONS Wörterbuch kennt 163 Einträge zum Stichwort »Hund« sowie weitere 51 Wortkombinationen. Darunter finden sich sprachliche Goldstücke wie hundemüde, hundsgemein, hundsdumm, Hundelohn, Hundesohn, Hundskrüppel und Hundeleben. PONS erklärt sich das folgendermaßen: »Die internationale Mindergeltung des ältesten Haustiers beruht wohl auf einem menschlichen Empfinden für widerwärtig erscheinendes Verhalten«,[8] oder auch: »Hunde- als erster Bestandteil einer [...] Zusammensetzung drückt [...] Niedrigkeit und Verächtlichkeit aus – gemäß der traditionellen Geltung des Hundes als eines verachteten Tiers.«[9]

Was dieses widerwärtige hündische Verhalten im Einzelnen ausmacht, warum *homo sapiens* fünfzehntausend Jahre lang mit einem so verachtenswerten Mitgeschöpf zusammenlebt und wer eigentlich in den letzten paar Hundert Jahren die ganzen Niedrig- und Verächtlichkeiten auf unserem Planeten angerichtet hat, bleibt offensichtlich selbst PONS ein Rätsel. Dabei ist die Erklärung kinderleicht: Als König der Widersprüchlichkeit benutzt *homo sapiens* seinen wahrheitsliebenden Geist schon immer am liebsten dazu, sich selbst anständig was in die Tasche zu lügen. Dabei hilft es enorm, wenn man schlechte Eigenschaften und Gedanken auf einen vierbeinigen Stellvertreter projizieren kann. Schließlich war

---

8 PONS Wörterbuch der deutschen Umgangssprache, »Hund«, unter Punkt 3., S. 365.
9 PONS Wörterbuch der deutschen Umgangssprache, »Hunde-«, S. 368.

der Mensch schon vor Erfindung des Rades ein großer Radfahrer: nach oben buckelnd, nach unten tretend (vgl. → Radfahren).

Steuer, Hunde

Eine Art Kirchenzehnter, den der Haushund an die Obrigkeit zu entrichten hat. Im Unterschied zum mittelalterlichen Bauern, der zehn Prozent des erwirtschafteten Getreides abgeben musste, zahlt ein handelsüblicher Mischlingshaushund jährlich mindestens hundert Prozent des eigenen Marktwerts für die bloße Tatsache seiner Existenz. Da der Haushund über kein Geld verfügt, streckt *homo sapiens* ihm die Steuerbeträge aus eigener Tasche vor. Diese Regelung ist praktikabel und angenehm. Bislang ist kein Fall bekannt, in dem ein Haushund gezwungen wurde, seine Schulden abzuarbeiten. Siehe auch → Nutztier.

Stöckchen

Beliebtes Spiel, mit dem der Haushund seinen *homo sapiens* stundenlang unterhalten kann. *Homo sapiens* hebt ein Stück Holz vom Boden auf, beträufelt es mit seinem Speichel und schleudert es anschließend in eine Brombeerhecke oder auf einen leidlich zugefrorenen Teich. Todesmutig stürzt sich der Haushund in, auf oder über jedes Hindernis, um seinem Herrn den unter materiellen Gesichtspunkten völlig wertlosen Stock als Zeichen seiner Ergebenheit zurückzubringen. Währenddessen schwenkt *homo sapiens* die Arme und stößt begeisterte Rufe aus (»Bring's her! Bring das Stöckchen!«). Konsequente Simulation von Spielfreude (vgl. → Simulant) und rücksichtsloser Einsatz auf Seiten des Haushunds führen zu einer nachhaltigen Verbesserung des artübergreifenden Zusammenlebens. Wenn das durch Menschenhände geadelte Stöckchen jedoch hinter dem Stacheldrahtzaun eines militärischen Übungsgeländes gelandet oder auf den Grund einer Jauchegrube gesunken ist, sollte sich der kluge Haushund für ein beliebiges anderes Holzstück entscheiden. Und wer über ein schwaches vegetatives Nervenkostüm verfügt und das Stöckchenspiel im Keim ersticken will, lässt sich schon bei der ersten Aufforderung zum → Apport schwanzwedelnd zu Füßen seines *homo sapiens* nieder und schaut ihm mit einem Ausdruck zielloser Handlungsbereitschaft ins Gesicht. Dadurch beraubt sich der Haushund einer wichtigen Einflussmöglichkeit, beugt aber orthopädischen Spätfolgen vor.

Stoizismus

Eine um 300 v. Chr. gegründete Philosophenschule. Ihr Urheber soll ein Familienhund gewesen sein, der mit vier Katzen, drei Kindern, zwei Kanarienvögeln und einem reiselustigen Kleinwagenbesitzer in einer unklimatisierten Großstadtwohnung zusammenlebte. Nach der Stoa kommt es darauf an, sich unter keinen Umständen aufzuregen, weil das der Einsicht hinderlich wäre. Die genannte Einsicht richtet sich darauf, dass Widerstand ohnehin zwecklos ist. Der Stoizismus ist jedem Haushund, der mit dem → Buddhismus nicht klarkommt, als Mittel zur seelischen → Hygiene zu empfehlen.

Strafe

Ähnlich wie Ordnung muss auch Strafe sein. Beide Prinzipien sind Destillate aus dem Weltbild von *homo sapiens* und zwingen den Haushund, seinen Alltag in Schlangenlinienform zu organisieren. Da es zum Normalverhalten eines neugierigen Hundes gehört, die Grenzen existierender → Regeln immer wieder von neuem auszuloten, lässt sich der Kontakt mit Sanktionen nicht ganz vermeiden. Glücklicherweise widerspricht es dem Selbstverständnis des aufgeklärten Menschen, ein schwaches, hirnloses und deshalb grundsätzlich unschuldiges Wesen mit schweren Gegenständen zu verprügeln. Stattdessen zupft *homo sapiens* den regelbrüchigen Haushund an den Ohren, schüttelt ihn am → Genick, schlägt ihm eine zusammengerollte Zeitung auf den Kopf oder sperrt ihn auf den Balkon. Schlimmer als jede Strafe ist anhaltendes menschliches Schmollen mit demonstrativem Liebesentzug. Dieser Zustand macht nicht glücklich und sollte unbedingt vermieden werden. Darüber hinaus ist zu berücksichtigen: Beiß nicht nur die Hand nicht, die dich füttert, sondern auch nicht jene, die dich an den Ohren zieht. In Wahrheit liebt der Mensch dich doch. Außerdem sitzt er am längeren Hebel.

T

Tasche, Reise

Seismographische Vorrichtung, an der fachkundige Hunde Art und Ausmaß eines bevorstehenden Unglücks ablesen können. Katastrophenforscher identifizieren zwei Kategorien von Schicksalsschlägen: *Homo sapiens* verreist mit dem Haushund (Stärke 1 bis 5 auf der Richterskala, vgl. → Reisen, mit Hund), und *homo sapiens* verreist ohne den Haushund (Stärke 6 und mehr auf der Richterskala, vgl. → Reisen, ohne Hund). Dabei ergeben sich zuverlässige Prognoseergebnisse aus dem sogenannten IGI (Inhalt-Größe-Index): Von der Größe einer aus dem Schrank genommenen Reisetasche lässt sich auf die Dauer des geplanten Aufenthalts schließen, während der auf dem Bett vorsortierte Inhalt Einzelheiten über die konkrete Gestalt der Reise verrät. Die richtige Bestimmung des IGI ist eine Sache für Experten. Ein paar Grundkenntnisse der Reisetaschendeutung sollte aber jeder kluge Haushund besitzen. Deshalb folgen hier die sieben wichtigsten Diagnosegesetze, deren Anwendung keine weiteren Vorkenntnisse verlangt.

    1. Die Slipformel: Anzahl bereitgelegter Unterhosen minus 1 eingeplante Reserveunterhose = Anzahl der Reisetage.

2. Die Mantelskala: Dicke und Festigkeit des eingepackten Mantels verhalten sich umgekehrt proportional zu den erwartbaren Temperaturen am Zielort. In Verbindung mit der aktuell vorherrschenden Jahreszeit erlaubt die Mantelskala Näherungswerte zum angepeilten Längen- und Breitengrad.

3. Die Oberbekleidung: Fleece-Pullover und knielange Cargo-Hosen mit vielen überflüssigen Taschen, Reißverschlüssen, Haken und Ösen deuten auf eine hundefreundliche Aktivreise mit viel Aufenthalt im Freien hin. Anzughosen oder Kostümjacken legen hingegen einen Schadenswert von mindestens sechs Punkten auf der Richterskala nahe.

5. Die Schuhwerkanalyse: Eine spezielle, eigentlich nur aus Klettverschlüssen bestehende Sandale, der ein Stück Traktorreifen als Sohle dient, ist ein sicheres Anzeichen für geplante Streifzüge durch die sogenannte → Natur. Ein positiver Indikator; allerdings ist das sorgfältige Ausschließen von Symptomen des Extremsports geboten (vgl. → Wandern). Ledersohlen und hohe Absätze hingegen halten sich am liebsten in geschlossenen Räumen auf, meist ohne Begleitung des Haushunds, der selbst nur auf schwarzen Gummistücken steht. Alarmstufe 6.

6. Die Zubehörbestimmung:

a) Badetuch plus Hochliteratur = Strand- und Terrassenurlaub in gemäßigter Klimazone. Entwarnung.

b) Stringtanga, Sonnenhut und Ferienanthologie im Taschenbuchformat = Pauschalurlaub in vorwiegend touristischen Gebieten. Hundeverbot am Pool und Temperaturen bis über vierzig Grad im Schatten.

c) Leinentasche, Bildbände, Photoapparat = Städtereise mit viel Asphalt unter den Pfoten und langweiligen Wartephasen vor Kirchen und Museen.

d) Zelt, Schlafsack, Kanupaddel = Campingfahrt mit Übernachtung im Freien. Abgesehen davon, dass die meisten

Haushunde nicht ins Zelt dürfen, besteht Grund zu verhaltener Freude.

e) Laptop, Aktenmappe und Netzteil fürs Handy = Geschäftsreise. Dieser Befund lässt im Normalfall das Schlimmste erwarten. Als kleinstes Übel stehen stundenlanges Ausharren auf der Autorückbank, drastische Reduktion des Spaziergangkontingents und ein gut bewachtes abendliches Büffet auf dem Programm.

7. Das Haushundkriterium: Hier muss nicht auf die Anwesenheit, sondern auf die Abwesenheit bestimmter Gegenstände geachtet werden. Wenn gegen Ende des Packvorgangs keine Anstalten getroffen werden, Leine und Näpfe in die Tasche zu zwängen, und *homo sapiens* nicht beginnt, abgezählte Portionen aus dem großen Futtersack in eine Plastiktüte zu überführen, kann sofort der Notstand ausgerufen werden. Unverzügliche Rückkehr zur Analysemethode 1 ist erforderlich: Bei fünf Unterhosen oder mehr droht eine Katastrophe von mindestens acht Punkten auf der Richterskala. Wer jetzt noch nicht → Buddhist ist, sollte es schleunigst werden.

Zum Umgang mit dem Ernstfall siehe → Auto, → Reisen, mit Hund, → Reisen, ohne Hunde und → Stoizismus, und glaube ansonsten fest an die Kraft deiner → Religion.

Telekinese

Trotz der irreführenden Bezeichnung ist »Telekinese« kein kleiner, haariger Hund mit platt gedrückter Nase, der sein Leben neben einer grauhaarigen Dame vor dem Fernseher verbringt. Es handelt sich vielmehr um den dritten *Dan* in der Disziplin des Lass-Falln-Und-Gong, also um einen Leistungsgrad, der noch weit über den Kunststücken der → Hypnose rangiert. Ein Großmeister bringt durch reine Verstan-

Telekinese

deskraft die Käseplatte auf der Kante des Abendbrottischs in Schieflage, so dass Camembert und Emmentaler wie durch Geisterhand berührt zu Boden klatschen. Mit Telekinese sollte nur umgehen, wer ihr tatsächlich gewachsen ist, da ihre Mechanismen bei falscher Anwendung fatale Auswirkungen auf den Zauberlehrling haben können. Vgl. → Strafe.

Tierheim

In der Vorstellung des Haushunds etwas wie Dantes Inferno, nur dass im Tierheim siedendes Pech und glühende Zangen durch die Tatsache ersetzt werden, dass sich überhaupt niemand um den armen Sünder kümmert. Wie in alle Höllen kommt man leichter hinein als wieder heraus. Statt eines Cerberus wachen am Eingang wohlmeinende Pfleger, die vor lauter Tierliebe vergessen haben, dass das allerbeste Tierheim der Welt eins ohne Insassen wäre. Ein junger Mensch, zu allem Überfluss Student, der an die Pforten klopft, um einen Haushund zu sich zu nehmen, wird es nicht leichter haben als Orpheus in der Unterwelt. Weil Singen in diesem Fall die Mächte des dunklen Reichs nicht rührt, versucht es der Student mit Theaterspielen. Das einzustudierende Stück heißt »Überraschender Kontrollbesuch zur Feststellung geeigneter Wohnbedingungen für ein eventuelles Haustier« und wird vor einem Zwei-Mann-Publikum aufgeführt, das zu hundert Prozent aus Tierpflegern besteht. Als Bühne dient dem künftigen Haushundbesitzer die eigene Behausung, an der zu diesem Zweck einige Umbaumaßnahmen vorzunehmen sind. Mitbewohner, Besucher und andere Schmarotzer werden ausquartiert, leere Flaschen zum Container gebracht und Möbel umgeräumt, bis sich die coole Altbauetage in eine bürgerliche Mehrraumwohnung verwandelt hat. Eine Kommilitonin übernimmt die zweite Hauptrolle als glückliche Hausfrau, die den Sinn ihres Lebens darin sieht, sich von morgens bis abends um einen Hund zu kümmern. Gelingt die Aufführung des Stücks trotz der Fangfragen (»Sie wollen Kinder? Werden diese Kinder Ihre Aufmerksamkeit nicht von dem gewünschten Haustier ablenken?«), wird der Hund möglicherweise freigegeben. Andernfalls verbleibt er in seiner Zwei-Quadratmeter-Zelle, in der er nach Meinung der Tierheimbetreiber besser aufgehoben ist als in einer Chaos-WG. Schließlich soll es der Hund später einmal besser haben als seine Pfleger.

Auch wenn er zu den Glücklichen zählt, die das Tierheim eines Tages verlassen dürfen, wird ihn sein Lebtag eine düstere Erkenntnis quälen: Hölle und Paradies lagern Wand an Wand. Sein neuer Besitzer weiß davon nichts. Er steht ahnungslos daneben, wenn der Hund im Schlaf herzzerreißend quiekt und mit den Pfoten zuckt. Die aus dem Tierheim, erzählt er seinen Freunden und Bekannten, sind einfach am dankbarsten.

Trockenfutter

Nüsse, Brötchen, Nudeln, Rosinen, Feigen (getrocknet), Haferflocken, Reis, Cous-Cous, Graubrot, Schwarzbrot, Weißbrot, Vollkornbrot, Brot auch in Krümeln, Cornflakes, Nüsse (hatte ich schon) und natürlich Kekse. Siehe auch → Omnivor sowie → Kuchen, Hunde.

U

Umwelt

Alles, was nach Meinung von *homo sapiens* nicht ihm, sondern den Pflanzen und Tieren gehören soll. Nach einer von ihm selbst stammenden These ist der Mensch nicht Teil der Umwelt, sondern ihr Chef, und damit direkt verantwortlich für alles, was schief läuft. Es ist unmöglich, ihm diese fixe Idee auszureden. Die Krone der Schöpfung glaubt sich im Besitz eines Vorrechts auf Lebensgrundlagenzerstörung und Selbstvernichtung und liebt ihr schlechtes Gewissen. Während der philosophische Haushund das eigene Leben und Sterben als winzigen Ausschnitt in der großen Aufgabe der Arterhaltung begreift, halten Menschen sich gern für die Letzten ihrer Art und können sich einfach nicht vorstellen, dass nach ihrem spektakulären Auftritt im Welttheater die nächsten zwanzigtausend Jahre Schöpfungsgeschichte unbeeindruckt ihren Gang nehmen sollen. Diese Auffassung verlangt den Glauben an eine bevorstehende Katastrophe. Deshalb hat *homo sapiens westeuropaeiensis* der Natur ein durch Notwehr legitimiertes Recht auf Vergeltung eingeräumt und erblickt seitdem seine größte Bedrohung in selbst gebackenen Umweltkatastrophen. Dass fast hundert Prozent des treibhausrelevanten Methangases von Reisfeldern und pupsenden Kühen herrühren, ist ihm egal, da gefälligst nicht Tiere und Pflanzen, sondern ausschließlich vom Menschen ersonnene Maschinen den Planeten zerstören sollen. Auch will er partout nicht zur Kenntnis nehmen, dass es Erwärmungen und Abkühlungen des Klimas schon gegeben hat, bevor er und seine Freunde von den Bäumen gekrochen sind. Erst recht kann es nicht sein, dass das Ansteigen der Meeresspiegel mit dem Neigungswinkel der Erdachse zu tun hat statt mit abschmelzenden Polkappen. Denn schließlich darf der hoch entwickelte *homo sapiens* ja nicht ohne eigenes Verschulden aussterben. Man ist schließlich kein primitiver Dinosaurier.

Nach Lage der Dinge müsste der Haushund eigentlich berechtigt sein, als Stellvertreter der → Natur Reparationszahlungen in Form von Vollkornkeksen und biologisch abbaubarer Tofuwurst entgegenzunehmen. Stattdessen bringt *homo sapiens* Batterien zur Sammelstelle und gebrauchte Eierkartons zum Ökobauern und hält recyclingfähige Hundehaufen auf der Baumscheibe trotzdem für umweltschädlicher als eine Naturexpedition im Vier-Liter-Jeep durch die Ueckermünder Heide. Auch hier zeigt sich wieder: Sie wissen nicht nur nicht, was sie tun, sondern auch schon nicht, was sie wollen. Gerade das macht sie so liebenswert.

Underdog

Ein Wesen, das, notorisch underdressed, am liebsten undercover im Underground lebt und als overstyled betrachtet, was andere für → Understatement halten. Der Unterhund ist somit kein Hund. Letzterer ist stets tadellos gekleidet, liebt das Leben auf dem Präsentierteller und hasst Anglizismen. Da aus menschlicher Sicht jeder *dog* von Natur aus *under* ist (vgl. → Sprichwort), wäre die heuchlerische Tautologie ebenso wenig nötig gewesen wie eine Übersetzung ins Englische.

Was folgt aus alldem? Der Underdog ist ein *homo sapiens*, der ein Hund ist, weil er seit Abschaffung des Übermenschen nicht mehr Untermensch genannt werden darf. Die Tatsache, dass es seit kurzem auch Topdogs gibt, ist kein Anzeichen für einen Bewusstseinswandel, sondern Ergebnis eines mäßig raffinierten Sprachspiels. Wie meine Urgroßmutter, die ich nie kennen lernen durfte, wahrscheinlich zu sagen pflegte: »Ob top oder under, Hauptsach' miteinander.« Und das ist doch schön.

Understatement

Angeborene, nichtsdestotrotz weltanschaulich untermauerte Geisteshaltung des Haushunds. Umgangssprachlich: gezieltes Sich-dumm-Stellen. Für das Understatement gibt es zwei gute Gründe. Zum einen verlangt die → Rangordnung, dass *homo sapiens* in jedem Augenblick den Eindruck hat, sein Haustier sei dümmer als er – ein Gefühl, das beim Menschen nicht unwichtig ist als Voraussetzung für die Liebe (vgl. → Liebe, wahre). Zum anderen hat Understatement wiederum mit dem Schweigegelübde des Haushunds zu tun. Wer einen Apfel von einer Birne unterscheiden kann, wird einkaufen geschickt. Wer verlorene Schlüsselbunde aufspürt, wird sie ständig suchen müssen. In diesem Sinn, und *nur* in diesem Sinn, rennt der Haushund nach links, wenn *homo sapiens* nach rechts zeigt. *Understatement means wealth* oder, mit dem Buch der Bücher gesprochen: Selig sind die geistig Armen. Vgl. hierzu auch → Vorwort, → Comic-Hunde, Rantanplan.

Ungeziefer

Haustiere vom Haustier. Sie fressen viel, machen Dreck, zahlen keine Miete, und je mehr in der Nähe sind, desto häufiger muss man sich kratzen. Wie der Mensch ein Floh Gottes ist und der Hund ein Floh des Menschen, so ist der Floh der Floh des Haushunds. Selbst hierauf hat die Pharmaindustrie eine Antwort, die sie sich teuer bezahlen lässt. Die Massenvernichtungswaffe heißt »Frontline«, beinhaltet ein Nervengift und macht bei regelmäßiger Anwendung die Entsendung von Bodentruppen mit Zeckenzange und Flohkamm völlig überflüssig. Wie an allen Fronten des 21. Jahrhunderts zählt auch auf dem Rücken des Haushunds nicht personelle, sondern technische Überlegenheit. Wollen wir hoffen, dass Flöhe keine Atombomben bauen. Und dass wir nicht als Nächstes eine Wurmkur namens »humanitäre Intervention« benutzen müssen. Vgl. → Krieg.

User, dümmster anzunehmender

Der Dümmste Anzunehmende User (DAU) stellt eine Personifikation minimalisierter Erwartungshaltungen beim Umgang mit anderen Wesen dar. Sagt beispielsweise *homo sapiens* zu seinem Haushund »Pfui böse pfui böse pfui böse« anstatt: »Es scheint mir nicht besonders appetitlich, gebrauchte Taschentücher am Straßenrand aufzulesen und zu verspeisen«, so spricht er mit dem DAU (vgl. → Pfui). Führt der Haushund einen Bodycheck durch, der *homo sapiens* in die geöffnete Kühltruhe wirft, anstatt höflich vor der leeren Futterschüssel mit dem Schwanz zu wedeln, kommuniziert auch er mit dem DAU. Das Akronym scheint im Übrigen auch für »Demokratisches Arbeits-Umfeld« zu stehen. Weil das demokratische

System niemanden ausgrenzen will, glaubt es, zu jedem Zeitpunkt mit dem KGN (Kleinster Gemeinsamer Nenner) kalkulieren zu müssen. Deshalb sind BILD und RTL, was sie eben sind, und deshalb steht bald auf jeder Keksrolle, dass die Verpackung nicht zum Verzehr geeignet ist. Solange man für DAU und KGN noch nicht bei der Bundestagswahl stimmen kann, besteht eigentlich kein Grund zu gesteigerter Sorge. Trotzdem sollte jeder *homo sapiens*, der von seinem Haushund angebellt wird, einmal darauf achten, was dieser eigentlich ruft: »Wau, wau, wau« oder »DAU, DAU, DAU«?

User, dümmster anzunehmender

V

Verhaltensforschung

Affen haben Finger an den Händen, Zehen an den Füßen und einen beinahe aufrechten Gang. Kein Wunder also, dass *homo sapiens* als alter Anthropozentriker jahrzehntelang seinem nächsten Verwandten lukrative Nebenjobs verschaffte, die darin bestehen, Hebel an Futterbehältern umzulegen, rote Türchen von blauen Türchen zu unterscheiden und menschliche Gesten zu interpretieren. Dem Hund blieb die wissenschaftliche Aufgabe vorbehalten, aus dem Maul zu triefen, wenn er ans Abendessen denkt (vgl. → Pawlow, Iwan Petrowitsch). Bis zu jenem Tag, da ein Haushund mit seinem Protest gegen die akademische Ignoranz und die Primatenversessenheit der Menschen an die Öffentlichkeit ging.

In der 114. Sendung von »Wetten, dass?« wählte Kollege Rico fehlerlos aus 77 Gegenständen jeweils denjenigen aus, der ihm zuvor genannt worden war. Danach hatten die Verhaltensforscher des Max-Planck-Instituts Leipzig keine Lust mehr, Würste auf dem Boden auszulegen. Die Freude darüber, dass der Hund erst klaut, wenn sein *homo sapiens* nicht hinguckt, war verflogen (vgl. → Planck, Max). Eine Testreihe mit Rico ergab, dass ein Haushund bis zu 200 Begriffe der menschlichen Sprache behalten kann und sie sogar eigenständig aufgrund von Transferleistungen erlernt. Nun gilt Rico als Wunderhund, bloß weil niemand kapiert, dass nur die Dummen ins Fernsehen kommen, während die wirklich Klugen die Klappe halten. So ist es immer: Über Generationen hinweg erzieht sich eine Gemeinschaft zu Mäßigung, freiwilliger Selbstbeschränkung und Bewahrung althergebrachter Werte. Dann kommt einer, der berühmt werden will, und alles geht zum Teufel. Wenigstens hat Rico erkannt, dass er nicht gleich Ovids Metamorphosen in lateinischer Sprache hersagen muss, um bei einer Spielshow im öffentlich-rechtlichen Fernsehen zu gewinnen.

Das nunmehr staatlich anerkannte Sprachkontingent von rund 200 Wörtern wird in diesem Lexikon vorgestellt und erläutert. Danach sind aber wieder andere Tiere an der Reihe. Die Delphine sollen endlich auf einem Rechenschieber die Wurzel aus 4 ziehen. Und die Schimpansen können ihre vielen Finger und Zehen dazu verwenden, den Flohwalzer auf dem Klavier zu lernen. Vierhändig mit sich selbst. Die Verhaltensforscher werden begeistert sein.

Verkauf

In der Welt von *homo sapiens* kann man alles kaufen und verkaufen außer *homo sapiens* selbst, und auch die Festlegung dieser Ausnahme hat die Menschheit ein paar Hundert Jahre Arbeit am Selbstbild gekostet. *Homo sapiens* neigt dazu, ausgerechnet jene Dinge, die sein Wesen am eindeutigsten bestimmen, als anstößig zu definieren (vgl. → Junk-Food), so dass er die Ökonomisierung seines gesamten Lebensraums munter vorantreiben und gleichzeitig die Käuflichkeit der Welt beweinen kann. Der Haushund als Besitzloser (siehe

→ Besitz) hat ein entspanntes Verhältnis zum Geld. Für mich wurde vor elf Jahren ein Kaufpreis von 80 D-Mark bezahlt, was bei meinem damaligen Gewicht dem Kilogrammpreis einer durchschnittlichen Teewurst entsprach. Ich kann mich rühmen, den Gegenwert dieser Summe bereits nach vier Wochen in Form von Welpenkost verschlungen zu haben. Anders als *homo sapiens*, der seine persönliche Geltung gern in den Kategorien des ökonomischen Nutzens formuliert, beweist der Haushund seinen Wert durch eine bis ins Äußerste gesteigerte Unrentabilität (vgl. → Materialismus). Wer so viel frisst, absolut nichts abwirft und trotzdem gemocht wird, muss etwas Besonderes sein. Diese Einstellung ist logisch, bequem und von Dauer. Dass ein ausgewachsener Haushund von seinem *homo sapiens* weiterverkauft wird, kommt ohnehin so gut wie nie vor. Der Verkäufer würde die Kohle nicht reinholen, die das Vieh in den vergangenen Jahren gekostet hat. Außerdem würde es ihm das Herz zerreißen. Und hinter diesem Umstand verbirgt sich der älteste Trick der Arterhaltung jenseits allen ökonomischen Nutzens.

Vermenschlichung

Dem Hundebesitzer (vgl. → Besitzer, Hunde) wird häufig vorgeworfen, er neige zur Anthropomorphisierung seines treuesten Begleiters, was ihn in den Augen aller nichthundebesitzenden *homines sapientes* als tendenziell debil erscheinen lässt. Trotzdem erheben anerkannte literarische Werke einen Hund zum Erzähler (Paul Auster, »Timbuktu«) oder geben seine Biographie zum Besten (Virginia Woolf, »Flush«). Schon einer der vielen Erfinder des modernen Romans hat mit Cipion und Berganza (Cervantes) zwei Hunde zu Berichterstattern über ihr Jahrhundert erhoben.

Nun weiß niemand besser als ich, dass Schriftsteller eine Meise haben. Denn selbstverständlich teilt der Haushund 99 Prozent der menschlichen Eigenschaften *nicht*. Ein Mensch kann nicht zuhören, arbeitet systematisch an der Vernichtung der eigenen Gattung und findet den Weg zurück zum Hotel nicht mehr, nachdem er zweimal links und dreimal rechts abgebogen ist. Der Haushund ist treu, vernünftig, relativ bescheiden und am Gemeinwohl interessiert. Die Vermenschlichungsgegner können beruhigt sein – kein kluger Haushund ist scharf darauf, *homo sapiens* das Menschlichkeitsmonopol streitig zu machen. Nur weil wir ein Kotelett von einer Zwiebel unterscheiden können und nebenbei in der Lage sind, die wichtigsten Erkenntnisse der Geistesgeschichte in einem schlüssigen Modell zusammenzufassen, wollen wir noch lange nicht für das Amt des Bundeskanzlers kandidieren. Entsprechend ist es pseudowissenschaftlicher Unsinn, wenn ein Hundebesitzer (vgl. → Besitzer, Hunde) mehrmals täglich entzückt ausruft: »Der versteht wirklich jedes Wort!« – Natürlich versteht der nicht jedes Wort, sonst hätte dieses Buch nicht geschrieben werden müssen. Vgl. im Übrigen → Verhaltensforschung.

Vermummungsverbot

Anders als *homo sapiens* kommt der Haushund schon in Jacke, Hose und Sturmmaske zur Welt. Seit die Menschheit damit begann, Feigenblätter zu Schürzen zusammenzuheften, um ihre Nacktheit zu verbergen (1. Buch Mose, 3,7), streitet sie über die Frage, bis wohin die Verhüllung gehen kann und muss. Nach langer Geltung eines umfassenden Vermummungsbefehls für Männer und Frauen ist inzwischen die Entmummung weit reichender Körperzonen nicht nur erlaubt, sondern geboten und für weibliche Menschen unter 60 Jahren geradezu zwingend. Zwar muss an bayrischen Realschulen noch jedes Mädchen, das mit freiem Bauch zum Unterricht erscheint, ein sackförmiges, rosafarbenes Hemd überwerfen; dagegen wäre allerdings das Hochziehen dieses Kleidungsstücks bis knapp unter die Augen sicher nicht erlaubt. Die Verwirrung wächst. Den Diskussionen auf www.radarfalle.de lässt sich entnehmen, dass ein Großteil der Bevölkerung inzwischen an das Bestehen eines allgemeinen und ausnahmslosen Vermummungsverbots glaubt und nur deshalb davon absieht, aus Gründen der Führerscheinerhaltung mit Helm und Fliegerbrille hinter dem Steuer zu sitzen. Gleichzeitig warten wir auf die Einführung einer Vermummungspflicht für Zähne: pferdegleiches Lachen auf Passphotos irritiert den biometrischen Scanner. Mildes Grinsen soll erlaubt bleiben, was beim Gedanken an eine solche Verordnung auch schwer zu vermeiden wäre.

Der Haushund beobachtet diese Vorgänge mit gemischten Gefühlen. Wenn *homo sapiens* seinen lustigen Tag hat, wirft er sich auf die Knie, befingert den Hund am ganzen Körper und ruft dazu aus: »Eines Tages find ich den Reißverschluss! Und dann hol ich dich da raus!« Bei solchen Späßen würde der Haushund sich den Pelz nass schwitzen, wenn er Schweißdrüsen hätte. Stattdessen bemüht er sich um das regelmäßige Abwerfen seiner Vermummung (vgl. → Fellwechsel) und starrt mit ängstlich geschlossenem Mund vom Photo in seinem neuen Reisepass herunter (vgl. → Europäische Union). Schließlich will er nicht in die Verlegenheit geraten, sich eines Tages Schürzen aus Feigenblättern knüpfen zu müssen.

Vermummungsverbot

Vision

1. Unbestimmter, in der Zukunft vorstellbarer oder wünschbarer Zustand und das entsprechende Idealbild davon.

2. Vision von *homo sapiens* für das 21. Jahrhundert:

0000000000000000000000000000000000000000
0000000000000000000000000000000000000000
0000000000000000000000000000000000000000
0000000000000000000000000000000000000000
0000000000000000000000000000000000000000
0000000000000000000000000000000000000000
0000000000000000000000000000000000000000
0000000000000000000000000000000000000000
0000000000000000000000000000.

3. Vision des Haushunds für das 21. Jahrhundert:

0000000000000000000000000000000000000000
000000000000111000111000000000000000000
0000000000011111101111110000000000000000
000000000011111111111111100000000000000
0000000000011111111111111100000000000000
00000000000011111111111110000000000000000
0000000000000111111111110000000000000000
000000000000001111111000000000000000000
0000000000000001111100000000000000000
00000000000000001110000000000000000000
000000000000000010000000.

And that will make all the difference.

Vitamine

Nützliche kleine Dinger, die meist dicht unter der Schale sitzen, weshalb der Haushund aus gesundheitlichen Gründen seine Wurst am liebsten mit der Verpackung frisst, ohne dabei Verständnis von Seiten seines Menschen zu erwarten.

Vokal

Stimmlicher Laut, bei dem die Atemluft ungehindert ausströmt und der von jedem Haushund problemlos erzeugt werden kann. Mal abgesehen vom grundsätzlichen Willen fehlt es dem Hund zum Sprechen eigentlich nur an einer beweglichen Kehlkopfmuskulatur, was sich mit ein bisschen Training sicher ausgleichen ließe. Der Vorteil einer rein vokalischen Sprechweise ist aber erstens, dass man beim Reden nicht spuckt, und zweitens, dass man vom Menschen nicht verstanden wird. Der hiesige *homo sapiens* ist ein Konsonantenfetischist und kann bei durchschnittlicher Intelligenz sogar völlig vokalfrei verfasste Texte lesen. Auf der anderen Seite braucht er wenigstens eine Handvoll Mitlaute, um beispielsweise die Äußerung »des woas i aa ned« erfolgreich als »das weiß ich auch nicht« zu identifizieren. Begrüßt ihn sein Haushund mit den Lauten »O-aaa-uu-oh-aaah«, versteht er diese folglich nicht als »wo warst du so lang?«, weshalb die Frage auch selten erschöpfend beantwortet wird. Es sei jedem Haushund empfohlen, sich bei nicht zu unterdrückenden Äußerungen auf das Vokalische zu beschränken. Von den Bayern lernen heißt manchmal siegen lernen. Wea ko, dea ko.

W

Wandern

Das Wandern ist des Müllers Lust. Insofern haben Müller und Haushund etwas gemeinsam. Zu beachten ist die gebotene Trennschärfe zwischen dem Terminus »Wandern« und den Begriffen »Hiking«, »Trekking«, »Free-Climbing«, »Power-Walking«, »Himalaja-Besteigung« und »Zu-Fuß-nach-Moskau-Going«. *Homo sapiens* hat immer wieder unter Beweis gestellt, dass seine Gattung zu Übertreibungen neigt. Normalerweise schaut sein ältester Begleiter dabei in sorgenvollem Schweigen zu. Seit aber die Fun-Society auf den Trip verfallen ist, ihre Kicks in Extremsportarten zu suchen, hängt ein *homo sapiens*, der einfach nur Wandern gehen wollte, schnell mal mit oder ohne Seil an der Unterkante der nächstbesten Felsnase und kennt auch noch ein englisches Wort dafür. Hier ist für den Haushund eine natürliche Grenze erreicht. Er sollte deutlich zum Ausdruck bringen, dass eine Leine der Sicherheit des Menschen vor der Bösartigkeit des Hundes dient und nicht etwa dem Abseilen des Lieblingshaustiers von einem Steilhang. Um seinen *homo sapiens* zur Vernunft zu bringen, marschiert ein didaktisch versierter Haushund in Lederhosen und festem Schuhwerk, mit Ruck-

sack auf dem Rücken und Gamsbart am Hut vor dem Aus-
gangspunkt einer höchstens mittelschweren Wanderroute
auf und ab, bis der Mensch die Anspielung begriffen hat und
sich an seine Wurzeln erinnert. Falls das nicht klappt, bleibt
immer noch die Möglichkeit, eine im Backenzahn versteckte
Zyankalikapsel zu zerbeißen.

Warten

1. Ein vermutlich ziemlich langweiliges Dorf in den Nieder-
landen.

2. Zustand, in dem der Geist sich auf ein Ereignis richtet,
das in naher oder ferner Zukunft bevorsteht. Wie der selbst
ernannte Praxiloge und Lebensmanagementberater Otto
Buchegger in seinem Werk zu berichten weiß:[10] Zeit ist Geld,
Warten macht arm und treibt ganze Volkswirtschaften in den
Ruin. Kein Wunder, dass der Kommunismus untergegangen
ist.

Ungeachtet dessen wartet ein Haushund ununterbrochen
auf seinen *homo sapiens*. Aus menschlicher Sicht ist Warten
die natürliche Seinsform eines rangniederen Wesens. Über
der Tatsache, dass er damit Recht hat, vergisst *homo sapiens*
gern, dass auch sein ganzes Dasein mit Warten vergeht und
nur im Rückblick aus einer nahtlosen Kette von Ereignissen
zu bestehen scheint. Sogar während *homo sapiens* auf den
Bus wartet, wartet er gleichzeitig auf das Wochenende, einen
Lottogewinn oder bessere Zeiten, auf die große Liebe, den
Frühling und wahrscheinlich auf das Glück. Im Gegensatz
zum Haushund haben die meisten Menschen in ihrem trans-

---

10 Otto Buchegger, Aber warum hat mir denn das niemand früher gesagt?,
Books on Demand, 2000.

Warten

zendentalen Obdachlosenheim namens freie Marktwirtschaft kein Herrchen mehr und müssen sich selbst überlegen, worauf sie warten wollen. Warten ohne Worauf nennt man Depression – eine Krankheit, vor der ein Haushund weitgehend sicher ist. Diesen Zusammenhang *nicht* zu begreifen gehört zu den psychologischen Fundamenten unserer höchsten terrestrischen Intelligenzform. Andernfalls würde *homo sapiens* den Haushund nicht anschnauzen, wenn er beim Schnuppern an der Ecke mal etwas länger braucht, sondern wäre dankbar dafür, dass jemand seinem Warten eine Richtung gibt.

Wasser

Das rätselhafteste aller Elemente. Füllt es nach einer langen Wanderung den Napf, schmeckt es besser als ein Single Malt von 1974. Kommt es in größeren Mengen vom Himmel, schütteln wir den Pelz und finden, dass *homo sapiens* heute allein spazieren gehen kann. Liegt es schön schlammig in einer Pfütze am Boden, wälzen wir uns darin. Kommt es lauwarm aus der Duschbrause, veranstalten wir ein Theater, als stünde eine Hinrichtung ohne Schuldspruch bevor. Schwappt es in der Nordsee herum, hüpfen wir stundenlang am Strand hin und her. Spritzt *homo sapiens* uns beim Geschirrspülen eine Handvoll ins Gesicht, rennen wir weg. Befindet es sich vier Meter unter uns am Fuß einer steilen Kaimauer, wollen wir unbedingt, und ich meine: *unbedingt* baden. Diese Liste ließe sich fortsetzen – und sie betrifft erst einen einzigen Aggregatzustand. Wirklich, ein ganz sonderbares Element.

Wau-wau, süßer

Ein Kind, das dermaßen anderweitig befähigt ist, dass es das simple Wort »Hund« nicht aussprechen kann, wird auch niemals in der Lage sein, ein hoch intelligentes Haustier zu halten und mit ihm zu kommunizieren. Deshalb kann die Bedeutung dieses babysprachlichen Terminus getrost im Dunkeln bleiben.

Wedeln

Der Hund wedelt mit dem Schwanz, weil der Schwanz nicht mit dem Hund wedeln kann. Und *homo sapiens* liebt Kausalitäten, weil die Kausalität nicht *homo sapiens* lieben kann. Wenn der in logischen Vorstellungen gefangene Mensch die Welt auch nur für einen halben Tag mit den Augen eines Haushunds sehen würde, nämlich als ein Über-, Unter- und Nebeneinander von zusammenhanglosen Ereignissen, und trotzdem voller Lebensfreude mit dem Schwanz wedeln könnte, müsste der nächste Friedensnobelpreis unter sechs Milliarden Preisträgern aufgeteilt werden. Über das verhängnisvolle menschliche Ordnungsstreben wurde bereits eine Menge gesagt. Dem soll nur noch eine letzte Wenn-dann-Konstruktion hinzugefügt werden: Wenn → Kant ein Haushund gewesen wäre, hätte er simplere Worte für seine These gefunden, dass der menschliche Blick auf die Welt von ordnungsversessenen Verstandesbegriffen bestimmt ist. Aber wenn Kant ein Haushund gewesen wäre, hätte ihm erst recht keiner zugehört. Also lasst uns mit dem Schwanz wedeln, *homo sapiens* zur ewigen Freude. Schon damit ist viel gewonnen.

Wiese, Hunde

Öffentlicher Raum, in dem Hundebesitzer (vgl. → Besitzer, Hunde) sich treffen, um staatstragende Informationen über Namen, Geschlecht, Rasse, Alter, überstandene Krankheiten, Vorlieben und Abneigungen des jeweiligen Lieblings auszutauschen. Für den Liebling ist die Hundewiese jedoch eine Mischung aus Vorstadtsportplatz, Trinkhalle, Kampfring, Südkurve und Straßenstrich. Hier trifft der hartnäckig als Rudelwesen bezeichnete Haushund auf Artgenossen. Als Erstes informiert er sich über die geschlechtliche Zuordnung aller Anwesenden, um herauszufinden, ob er im nächsten Moment vergewaltigt, verführt oder verprügelt werden soll. Danach zieht er sich hinter die Beine seines → Herrchens/ Frauchens zurück, um seinen Menschen von dort aus optimal verteidigen zu können. Wenn Nero die Dogge, Hannibal der Riesenrottweiler oder Terror der Altdeutsche Schäferhund anwesend sind (vgl. → Hunde, große), empfiehlt sich eine ausgedehnte Exkursion zur Blumen- und Blätterkunde ins angrenzende Gebüsch. Richtig interessant ist die Hundewiese eigentlich nur zwischen ein und fünf Uhr nachts, wenn man mit der Nase am Boden die Dramen des vergangenen Tagesgeschehens nachvollziehen kann. Es ist wichtig, nicht zu vergessen, dass die Hundewiese trotz ihrer irreführenden Bezeichnung von Menschen für Menschen erfunden wurde. Ein Haushund wurde meines Wissens nach nie zu diesem Thema befragt.

Wischen, Boden

Etwas, das *homo sapiens* sich sparen kann, wenn er einen Haushund hat. Das gilt besonders bei Regen, Schnee oder Nebel sowie in der Badesaison und während des ganzjährigen → Fellwechsels des Haushunds. Es lohnt sich einfach nicht.

Witz

Treffen sich zwei Hunde. Sagt der eine: »Ich bin adlig. Ich heiße Hasso von Herrenhausen.« Darauf der andere: »Ich bin auch adlig. Ich heiße Runter vom Sofa.«

Keine Ahnung warum, aber ich könnte mich jedes Mal wieder darüber kaputtlachen.

www.hundefeind.de

Sollte der geneigte Leser bis hierhin noch nicht verstanden haben, dass die H-Frage dabei ist, zum Dreh- und Angelpunkt im → Krieg der Weltanschauungen zu werden, sei ihm ein Besuch auf www.hundefeind.de empfohlen. Da jeder Hund daran gewöhnt ist, eine Projektionsfläche für die Bedürfnisse, Ängste und Erwartungen von *homo sapiens* abzugeben, sollte es ihn nicht überraschen, wenn seinetwegen zur Gründung einer milizähnlichen Bürgerwehr, zur faschistoiden Verschärfung von Gesetzen und zum offenen Kampf gegen seine → Besitzer aufgerufen wird. Eigentlich lohnt es kaum, sich über das Verhalten von Mitgliedern einer Spezies zu erbosen, die sich seit jeher redlich bemüht, allen anderen das Leben zur Hölle zu machen. Wegen der besonderen

Dummheit der Hundefeind-Seite, die in schlecht gestellten Bildserien eine spielende Dogge zum Mädchenmörder macht und Informationen des Kalibers »Hätten Sie gewusst, dass 99 Prozent aller Terroristen Hundehalter sind?« verbreitet, soll hier der Hoffnung Ausdruck verliehen werden, dass es sich bei diesem Internetauftritt um einen Spaß handelt. Wenn nicht, schlage ich eine Umbenennung der Seite in »www.angst-vorm-leben.de« vor. Auch »www.heuldoch.de« wäre noch frei.

Xoloizcuintle

Vgl. → Yorkshire Terrier.

Xenophobie

Die Furcht vor dem Fremden. Neben ihrer kulturellen Herkunft, die sich mit der Formel »Was der Bauer nicht kennt, isst er nicht« beschreiben ließe, wird der Fremdenfeindlichkeit auch eine biologische Komponente nachgesagt. Ihre Gründe sollen im Verhalten von Tieren liegen, die das eigene Territorium gegen Eindringlinge verteidigen. Dieser Versuch, dem Anzünden von Asylantenheimen einen tierischen Ursprung zu verleihen, kann einen Haushund nur amüsieren. Immerhin geht jeder durchschnittliche Haushund einmal im Leben zwecks Vitamin-K-Behandlung zum Tierarzt, weil er am allerliebsten frisst, was er nicht kennt – auch das rosafarbene Pulver an der Kanalböschung. Zum Verbellen von Fremden an der Haustür ist der normale Hund zu faul und rafft sich nur dazu auf, weil sein Mensch sich darüber freut. Mit pluralistischer → Euphorie begleitet er *homo sa-*

piens in exotische Urlaubsgebiete, und nicht zuletzt hilft er seinem → Besitzer sogar bei der Überwindung von Kontaktscheu gegenüber Fremden. Noch der schrulligste Hundehalter hat im Gespräch über Futtermittelsorten am Rand der Hundewiese Freunde fürs Leben gefunden (vgl. → Wiese, Hunde). Deshalb empfiehlt es sich, biologistische Erklärungsmodelle dieser Art gepflegt zu übersehen und sich weiterhin an die Grundsätze des weltumspannenden Haushundfriedens zu halten:

1. Schwanzwedeln ist Schwanzwedeln. Der Haushund kennt kein Babel.

2. Jeder hat seinen eigenen Gott. Der Haushund kennt keine Religionskriege.

3. Die Kirschen in Nachbars Garten haben noch immer am besten geschmeckt.

Xerographie

Der Vervielfältigungszwang ist jedem Wesen wohl bekannt. Selbst Gott formte Menschen nach seinem Bilde, in jedem Künstler steckt ein kleiner Pygmalion, die moderne Gentechnik liebäugelt mit dem Klon, und wer nichts anderes kann, zeugt Kinder. Der gemeine Haushund hat diesbezüglich ein Problem, wenn er nicht gerade »Black Zorro von der Holzheimer Rehtränke« heißt (vgl. → Namen) und zur → Zucht eingesetzt wird. Der → Besitzer einer reinrassigen Beatrice verjagt den Mischlingsrüden mit Wasserwerfern und Senfgas, wenn er versucht, seiner Angebeteten zu nahe zu treten (vgl. → Mädchen, andere). Die Pille für den Haushund hat sich noch nicht durchgesetzt, und wer bei Vergewaltigungsspielchen auf der Hundewiese sein Glück versuchen will, muss es mit den üblichen Verdächtigen aufnehmen kön-

Xerographie

nen (vgl. → Wiese, Hunde). Für alle, die eine Hunde-Dolly aus ethischen Gründen ablehnen, hat ein kluger Wissenschaftler das Verfahren der Trockenkopie erfunden. Bei dieser Prozedur legt sich der Haushund flach auf eine Kopiermaschine und bittet *homo sapiens*, den Deckel zu schließen und auf die grüne Taste zu drücken. Was dabei herauskommt, entspricht weder der intellektuellen Wunschvorstellung von einem würdigen Nachfahren, noch befriedigt es das instinktive Verlangen nach Vervielfältigung (vgl. → Instinkt). Aber das Ergebnis kann einem an *homo sapiens* gerichteten Antrag auf Hilfe bei der Fortpflanzung beigelegt werden. Auch wenn kein Fall bekannt ist, in dem das Früchte getragen hätte.

Xylophon

Begriff, der in jedem Kinder-Alphabet den Buchstaben »X« durch Abbildung eines asiatischen Schlaginstruments versinnbildlicht. Mit dem Haushund hat das eigentlich nichts zu tun.

Yeti

Einen Yeti erkennt man am langen, zotteligen Fell, an seinen Hängeohren, den ungewöhnlich großen Füßen und der auffälligen Nase. Obwohl diese Beschreibung exakt auf mich zutrifft, besteht zwischen dem Yeti und mir ein wesentlicher, ja geradezu konstituierender Unterschied: Ihn gibt es nicht, mich schon. Trotz dieses Gattungsvorsprungs stellt es kein Vergnügen dar, mit angeborenen Schneeschuhen auf die Welt zu kommen, an deren Haarfransen im Winter die Eisklumpen hängen bleiben, bis man durch den Wald hinkt, als hätte man Kieselsteine zwischen den Zehen. Trotzdem laufe ich immer noch lieber im Bergaffen-Kostüm durch europäische Großstädte, als den leberwurstarmen Himalaja zu durchstreifen und womöglich hinter irgendeiner Felsnase auf Reinhold Messner zu treffen. Gäbe es die Legende vom Yeti noch nicht – in einem solchen Moment würden wir sie beide gleichzeitig erfinden.

Yeti

Yoga

Die aufgeweckte Weltpresse (vgl. → Journalismus) weiß zu vermelden, dass fettleibige Amerikaner ihre fettleibigen Haushunde seit neuestem gern mit ins Fitnesscenter nehmen. Damit das Hygiene-Amt nicht gleich den ganzen Sportpark sperrt, haben die Turnväter eine Kurve in den Zweck-Mittel-Zusammenhang gebogen und ein neues Zauberwort erfunden: Doga, das *yoga for dogs*. Wie ein schnell vom Himmel gefallenes Fachbuch[1] erkennt: Hunde waren immer schon Yogis *by nature*, was wohl daran liegt, dass sie die Zunge erheblich weiter herausstrecken können als *homo sapiens* und im Limbo einen zwanzig Zentimeter hohen Jägerzaun unterqueren, weil sie zu faul sind zum Springen. Jetzt erst lernt der Haushund, was der »Baum«, an dem er friedlich sein Bein zu heben pflegte, tatsächlich ist: nämlich eine gymnastische Figur. Der Hund wird lang gezogen und zusammengeknüllt, erhält Ohrmassagen und fliegt auf den ausgestreckten Armen seines → Besitzers durch die Luft. Kein Wunder, dass den Kommentatoren des deutschen Sprachraums bei dieser Vorstellung die Häme aus den Mundwinkeln fließt. Wer das Ganze aber für Tierquälerei hält, hat das Wichtigste nicht verstanden: Der Haushund mag es, wenn *homo sapiens* auf dem Boden sitzt und sich mit ihm beschäftigt – egal, ob er Streicheln, Spielen oder Doga dazu sagt. Und die Photos, auf denen Haushundbesitzer gemeinsam mit ihren Bullterriern im Central Park kopfstehen, sind den Doga-Einzelstundenpreis von bis zu 200 Euro wirklich wert. Jedenfalls aus Sicht des Betrachters.

---

1 Jennifer Brilliant, William Berloni, Doga: Yoga for Dogs, Chronicle Books, 2003.

Yorkshire Terrier

Es gibt nicht viele Wörter mit Y – »Yorkshire Terrier« ist eins davon. Seit man diese Laufperücken nicht mehr zur Rattenjagd einsetzt, kommen sie mit Schleifchen auf dem Kopf zur Welt und werden einzig zu dem Zweck gezüchtet, einem vernachlässigten Buchstaben Gerechtigkeit widerfahren zu lassen. In diesem Zusammenhang erschließt sich auch die Existenzberechtigung des → Xoloizcuintle. Vielleicht könnte man den »Chihuahua« noch in »Quihuahua« umbenennen. Der Name entspräche immer noch dem Geräusch, das er von sich gibt, wenn man auf ihn tritt, und würde zudem einen weiteren bedrohten Buchstaben vor dem Aussterben retten. Unter Gottes weitem Himmel hat doch jedes Wesen einen Sinn.

Z

Zeh, Juli

Homo sapiens eines bedeutenden Haushunds, der im Jahr 1993 in der Nähe von Bonn geboren wurde, Jura in Passau und Leipzig studierte und das Deutsche Literaturinstitut in Leipzig besuchte. Auf diese Weise gebildet, unterstützte besagter Haushund die Fertigstellung zweier Romane, einer Reiseerzählung über Bosnien-Herzegowina und einer Abhandlung über das Recht zum Beitritt in die Europäische Union. Veröffentlichte im Jahr 2005 ein bahnbrechendes semasiologisches Standardwerk, in dem erstmalig der Bedeutungsgehalt von lexikalischen Einheiten, die durch *homo sapiens* und Haushund gleichermaßen verwendet werden können, verbindlich geklärt wurde. Lebt in Frieden, Freuden, Krakau und Leipzig, weiterhin auf Sylt, auf der Autorückbank, unterm Schreibtisch und neben dem Bett. Besondere Kennzeichen: Abgesehen von seiner beträchtlichen Intelligenz – keine, auf die er stolz wäre. Hobbys: Denken, Nachsinnen, Reflektieren, visionäre Voraussicht, Durchblick, Spazierengehen, Philosophieren und eiweißhaltige Nahrungszufuhr zur Unterstützung der Hirntätigkeit. Neben ihren üblichen Funktionen als Mensch leistet Juli Zeh überdurchschnittliche Dienste als Sekretärin, Fahrerin, Lebensmittel-lieferantin, Moderatorin eines sechzehnfüßigen Haushalts und Mäzenin der hündisch-künstlerischen Selbstentfaltung und soll deshalb an dieser Stelle besonders erwähnt werden. Hiermit.

Zierpflanze

Kollegin aus der Flora, dem gemeinen Haushund geistesver-wandt: beschäftigungslos, dekorativ, geruchsintensiv. Und wenn *homo sapiens* nicht da ist, guckt sie aus dem Fenster.

Zucht

Vor vielen Jahren hat *homo sapiens* sich selbst ein Buch ge-schrieben, in dem er nachlesen kann, dass er Chef auf diesem Planeten ist und sich die Erde untertan machen soll. Weil der Mensch keine Sprache außer der eigenen versteht, hält er seine selbst geschaffene Position für unangefochten. Sie be-rechtigt ihn unter anderem dazu, Mitgeschöpfe zwar nicht nach seinem Bilde, wohl aber nach seinen utilitaristischen und ästhetischen Vorstellungen zu formen. Deshalb reprä-sentiert der gemeine Haushund in optischer (und nur in op-tischer!) Hinsicht die Sprunghaftigkeit, Unentschlossenheit und Inkonsequenz des menschlichen Charakters. Ein Chi-huahua hat mit einem Mastiff ebenso viel zu tun wie die Irak-politik der Amerikaner mit der Charta der Menschenrechte (vgl. → Hunde, große). Welche andere Tierart könnte sich rühmen, dass ihre Vertreter entweder fünfhundert Gramm oder neunzig Kilo wiegen, spitze oder flache Schnauzen, ste-hende oder hängende Ohren, langes, kurzes oder gar kein

Fell besitzen und trotzdem alle derselben Spezies angehören? Wer einmal mit angesehen hat, wie ein → Yorkshire Terrier versucht, eine Bernhardinerdame zu besteigen, wird sich nicht weiter darüber wundern, dass sich *homo sapiens* im Rahmen der Bioethik-Debatte vehement gegen die Idee der Menschenzucht zur Wehr setzt. Mischlinge werden übrigens älter und haben den besseren Charakter, aber ich glaube, das erwähnte ich bereits.

Zschochersche Straße

Eher unwichtige Straße in Leipzig, die sich unweit der Wohnung des Verfassers befindet. Der PLUS-Supermarkt macht die Zschochersche Straße zu einem an Nahrungspfründen, Äsungsplätzen und Jagdgründen reichen Gebiet. Vor allem aber empfiehlt sich die Zschochersche Straße dank ihres Namens für den ultimativ letzten Eintrag in einem Kleinen Konversationslexikon – und damit für ein paar abschließende Worte.

Bei Erscheinen dieses Buchs ist der Verfasser zwölf, was in den Kategorien von *homo sapiens* vierundachtzig Lebensjahren entspricht. Auch wenn er plant, mindestens noch die Hundertzwölf zu erreichen, ist das ein gutes Alter für eine Zwischenbilanz als ersten Tribut an die Sterblichkeit. Bei der Lektüre dieses Buchs mag zwischenzeitlich der Eindruck entstanden sein, dass auf der Welt im Allgemeinen und zwischen *homo sapiens* und Haushund im Besonderen nicht alles in schönster Ordnung sei. Egal, wie viel man von der Welt begreift – am Schluss steht immer dieselbe einfache Erkenntnis: Man kann nicht viel mehr tun, als jene Wesen, die man mit ausgestreckter Pfote oder Hand erreicht, möglichst glücklich zu machen. Der Verfasser wurde mit einem ungewöhnlich großen Herzen geboren, was ihm diese Aufgabe entschieden erleichtert hat. Aus Sicht seiner Artgenossen ist er ein Hund. Aus Sicht von *homo sapiens* ist er »nur ein Hund«. Aber als solcher ist es ihm gelungen, wenigstens einem Menschen beizubringen, was Liebe ist, und das in einem jener unzähligen Lebensabschnitte, in denen diese Frage nicht ganz leicht beantwortet werden kann (vgl. → Liebe, wahre). Wie kompliziert sich der Mensch auch zu geben beliebt – am besten hilft Anschauungsunterricht. Wenn ich eines Tages den Planeten verlasse, tue ich es als guter Lehrer, und zwar als einer von vielen anderen guten Lehrern. Manche haben zwei, andere vier Beine, auf denen sie stehen und die sie ausstrecken, wenn sie sich niederlegen. Jeder Tag, den ich gemeinsam mit meinen Menschen, dem → Mädchen, eigenes und der → Katze-im-Besonderen verbrachte, hat sich gelohnt. Die wenigen anderen wurden aus dem Kalender gestrichen.

Wenn ihr die Zschochersche Straße entlanggeht, denkt an mich. Wenn ihr mal wieder die Welt retten wolltet und dabei gescheitert seid, denkt an mich. Wenn ihr auf einen *homo sapiens* trefft, der behauptet, keine Zeit oder Kraft für die Liebe zu einem anderen, erschreckend nutzlosen Wesen zu haben, wünscht ihn nicht zur Hölle. Er ist schon auf dem Weg dorthin. Und was auch passiert: Sagt niemals ein Wort. Es ist gar nicht notwendig.

Dankesnotiz

Die zwei- und vierbeinigen Autoren und Photographen danken Indra Wussow, bei der wir uns immer wohl und willkommen fühlen und die mit ihrer Gastfreundschaft und Wärme bei der Fertigstellung unserer Bücher hilft.

Juli Zeh

Nullzeit

Roman

256 Seiten, btb 74569

»Vor knapp einer Stunde hat Theo mal wieder versucht, mich umzubringen. Klingt wie der Anfang eines Krimis. Ist es aber nicht.«

Eigentlich ist Jola mit ihrem Lebensgefährten Theo auf die Insel gekommen, doch als sie Sven kennenlernt, entwickelt sich aus einem harmlosen Flirt eine fatale Dreiecksbeziehung, die alle Regeln außer Kraft setzt. Wahrheit und Lüge, Täter und Opfer tauschen die Plätze. Sven muss erleben, wie er vom Zeugen zum Mitschuldigen wird. Bis er endlich begreift, dass er nur Teil eines mörderischen Spiels ist, in dem er von Anfang an keine Chance hatte.

»Ein schauderhaft schöner Psychothriller.«

Stern

»Nullzeit' kann sich locker mit der Altmeisterin der spürbaren Amoral Patricia Highsmith messen.«

Brigitte

btb

Juli Zeh

Alles auf dem Rasen

Kein Roman

304 Seiten, btb 73623

Gibt es eine Demokratie ohne Nebenwirkungen? Finden sich
auf dem Europäischen Markt noch Tabus made in Germany?
Warum langweilt uns die Pornographie? Kann man schreiben
lernen, hat die Literatur noch etwas zu erzählen, und worin liegt
der psychologische Nutzen von Altpapier? Juli Zeh, eine der
spannendsten und erfolgreichsten Autorinnen ihrer Generation
meldet sich mit intelligenten, provokanten und amüsanten
Essays zu Wort.

»Juli Zeh beobachtet präzis und erzählt poetisch kraftvoll.«
Neue Zürcher Zeitung

btb

Juli Zeh

Schilf

Roman

384 Seiten, btb 73806

Sebastian kann mit seinem Leben mehr als zufrieden sein.
Vielleicht hat er ein bisschen zu viel von seinem physikalischen
Talent zugunsten seiner Familie aufgegeben. Sein alter Freund
Oskar, auch er ein Genie der theoretischen Physik, erinnert ihn
zuweilen daran. Als Sebastian seinen Sohn in ein Ferienlager
fahren will, findet er sich unversehens in einem Alptraum
wieder. Der Sohn wird entführt, und er bekommt ihn erst
wieder, wenn er einen Mord begeht …

»Man hält das Buch in den Händen wie ein kostbares Kleinod,
so prall gefüllt ist es mit überraschenden Erkenntnissen,
schönen Sätzen, poetischen Bildern und kunstvollen Dialogen.
Kein Zweifel: Juli Zeh schreibt ganz wunderbar.«
Amelie Fried

btb

Juli Zeh

Spieltrieb

Roman

576 Seiten, btb 73369

Die atemberaubende Geschichte einer obsessiven Abhängigkeit
zwischen einer Schülerin und einem Schüler, Ada und Alev,
aus der sich erst die Bereitschaft, dann der Zwang zu Taten
ergibt, die alle Grenzen der Moral, des menschlichen Mitgefühls
und des vorhersehbaren Verhaltens überschreiten. Die beiden
jungen Menschen wählen sich ihren Lehrer Smutek als Ziel
einer ausgeklügelten Erpressung. Sie beginnen ein perfides Spiel
um Sex, Verführung, Macht.

»Bewundernswert!«
Ulrich Greiner, Die Zeit

btb

Juli Zeh

Corpus Delicti
Ein Prozess

272 Seiten, btb 74066

Jung, attraktiv, begabt und unabhängig: Das ist Mia Holl, eine
Frau von dreißig Jahren, die sich vor einem Schwurgericht
verantworten muss. Zur Last gelegt wird ihr ein Zuviel
an Liebe (zu ihrem Bruder), ein Zuviel an Verstand (sie
denkt naturwissenschaftlich) und ein Übermaß an geistiger
Unabhängigkeit. In einer Gesellschaft, in der die Sorge um den
Körper alle geistigen Werte verdrängt hat, reicht dies aus, um
als gefährliches Subjekt eingestuft zu werden. Juli Zeh entwirft
in Corpus Delicti das spannende Science-Fiction-Szenario einer
Gesundheitsdiktatur irgendwann im 21. Jahrhundert, in der
Gesundheit zur höchsten Bürgerpflicht geworden ist.

»Juli Zeh ist mit Corpus Delicti der weibliche George Orwell
der Gegenwart geworden.«
Deutschlandradio

btb

Juli Zeh

Die Stille ist ein Geräusch

Eine Fahrt durch Bosnien

272 Seiten, btb 73104

Im Sommer 2001 fährt Juli Zeh, nur begleitet von ihrem
Hund, nach Bosnien. Sie möchte mit eigenen Augen sehen, ob
„Bosnien-Herzegowina ein Ort ist, an den man fahren kann.
Oder ob er zusammen mit der Kriegsberichterstattung vom
Erdboden verschwand". Mitgebracht hat sie eine eindringliche
Reiseschilderung aus einem Land, das in einem prekären
Frieden lebt, in dem gehasst, aber auch gelebt wird. Sie versucht
nicht, Gut und Böse zu erkennen, Erklärungen zu finden, sie
erzählt vielmehr spannend und oft witzig von einem Land, in
dem die Stille selbst eine Stimme hat

»Ein bemerkenswertes Stück Literatur.«
Rolf Schneider, Die Welt

btb

Juli Zeh

Adler und Engel
Ein Prozess

448 Seiten, btb 72926

Der junge Karrierejurist Max wird Zeuge, wie sich seine
Freundin Jessie erschießt, während sie mit ihm telefoniert.
Für Max bricht eine Welt zusammen. Erst Clara, eine junge
Radiomoderatorin, kann ihn zu einem schonungslosen Blick
auf die Wahrheit zwingen. Sie überredet ihn zu einer Reise in
seine Vergangenheit. Allmählich wird Max klar, dass sein Leben
und seine Liebe zu Jessie, der Tochter eines Drogenkönigs, in
ein Netz aus Politik und Verbrechen verstrickt sind.

»Ein traumwandlerisch sicher hingelegter Roman, exakt
zur richtigen Zeit am richtigen Ort: Die Kollegen von der
Popfraktion werden sich warm anziehen müssen.«
Der Spiegel

»Die Ausnahme-Juristin Juli Zeh hat einen sensationellen
Debüt-Roman geschrieben: aufregend, mutig, kompromisslos«
Brigitte

»Mit diesem erstaunlichen, fulminanten Roman hat sich die
Autorin die Tür zu einer literarischen Zukunft weit geöffnet.«
Süddeutsche Zeitung

btb